开拓青少年眼界的天下之奇丛书

KAITUO QINGSHAONIAN YANJIE DE
TIANXIA ZHIQI CONGSHU

世界上不可思议的奇迹

本书编写组 ◎ 编

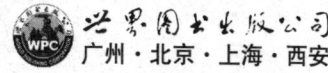

世界图书出版公司
广州·北京·上海·西安

图书在版编目（CIP）数据

世界上不可思议的奇迹/《世界上不可思议的奇迹》编写组编．—广州：广东世界图书出版公司，2010.4（2024.2重印）
ISBN 978-7-5100-2235-7

Ⅰ．①世… Ⅱ．①世… Ⅲ．①科学知识-青少年读物 Ⅳ．①Z228.2

中国版本图书馆CIP数据核字（2010）第070732号

书　　名	世界上不可思议的奇迹 SHIJIESHANG BUKE SIYI DE QIJI
编　　者	《世界上不可思议的奇迹》编写组
责任编辑	李铭丝
装帧设计	三棵树设计工作组
出版发行	世界图书出版有限公司　世界图书出版广东有限公司
地　　址	广州市海珠区新港西路大江冲25号
邮　　编	510300
电　　话	020-84452179
网　　址	http://www.gdst.com.cn
邮　　箱	wpc_gdst@163.com
经　　销	新华书店
印　　刷	唐山富达印务有限公司
开　　本	787mm×1092mm　1/16
印　　张	10
字　　数	120 千字
版　　次	2010年4月第1版　2024年2月第11次印刷
国际书号	ISBN 978-7-5100-2235-7
定　　价	48.00元

版权所有　翻印必究
（如有印装错误，请与出版社联系）

前 言

　　奇迹是什么？有人说是极难做到的事情，有人说不同寻常的事物，还有人说是不平凡的业绩。那么奇迹到底是什么呢？谁也不会有一个十分准确的答案，或许只有去看看那些所谓的奇迹才会形成一个差强人意的意向了。

　　世界上没有什么能比奇迹更让人感叹不已的了，它独特的魅力就在于你想象不到，就在于你不敢相信。也许你有时候抱怨：世界哪有那么多的奇迹？那请你现在睁开眼睛，翻开手中的这本书。相信在你目光所及之处，无一不是让人目瞪口呆、不可思议的奇迹。

　　自然界中的奇迹就像一支点石成金的魔力棒，它让寂静的极地出现绚烂的极光，让险峻的山崖造就神奇的瀑布，让平庸的土地形成奇特的峡谷……世界上还有让人叹为观止的建筑奇迹，鬼斧神工似的艺术奇迹，历史造就的遗址奇迹，神秘典雅的宗教奇迹。这种种的奇迹一面讲述着历史兴衰，一面展示着无限魅力，这需要用最细碎的咀嚼才能体会出它们与众不同、无与伦比的味道。

　　倘若这些还不能让你拍手叫绝，那就再看看人类历史上那些展示人类智慧的发明奇迹和发现奇迹。相信在历史的长河中，你能感受到那些伟大发明和发现所散发出的智慧之光。然后再看看生物界的奇迹，那些不可思议的奇迹在让你惊讶的同时多了一份与人的接近感。这就是本书要讲述的最不可思议的世界奇迹。

　　本书讲述了自然、建筑、艺术、遗址、宗教、发明、发现和生物9个方面中各式各样的奇迹，有序地将自然人文、古今中外最激动人心的奇迹展现出来，以最有宽度的视角，展示最有深度的奇迹知识，自然与人文相互交织，现代与古老更替有序，孕育出诸多令人叹为观止的奇迹。

　　本书涉猎领域广，从诸多领域中遴选出数百个不寻常的奇迹，系统而专业地展示了各个奇迹最瑰丽的一面。为了将所有奇迹直观地表现出来，本书大量选用了精美的图片，除了令人感叹的文字之外，也给读者带来视觉的震撼。

　　奇迹通常具有催人奋进的力量，希望通过阅读本书，每个人都能创造奇迹。

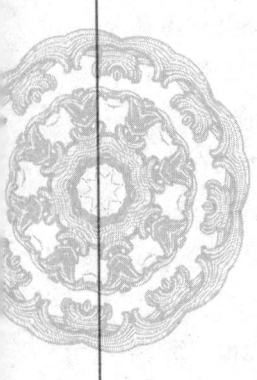

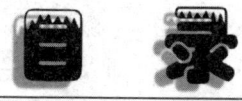

世界自然奇迹

天堂焰火——阿拉斯加极光 ……… 1
摩天地标——珠穆朗玛峰 ………… 2
万物繁衍——亚马孙河流域 ……… 4
银河倾斜——尼亚加拉大瀑布 …… 6
一瀑两国——伊瓜苏瀑布 ………… 7
火炽地心——维苏威火山 ………… 8
欧洲屋脊——阿尔卑斯山 ………… 11
岩石万象——中国路南石林 ……… 12
地球之痕——东非大裂谷 ………… 14
地质奇观——科罗拉多
　大峡谷 ………………………… 16
峡谷之首——雅鲁藏布江大
　峡谷 …………………………… 17
浩瀚沙海——撒哈拉大沙漠 ……… 19
巨人之路——北爱尔兰玄武岩
　石柱林 ………………………… 21

世界建筑奇迹

世界之墙——中国万里长城 ……… 23
文明之谜——巴比伦的空中
　花园 …………………………… 25

美轮美奂——印度泰姬陵 ………… 26
地穴藏谜——基萨金字塔群 ……… 30
斜而不倒——意大利的比萨
　斜塔 …………………………… 33
思想符号——克里姆林宫及
　红场 …………………………… 36
希腊之宝——希腊雅典卫城 ……… 38
高尚地标——巴黎埃菲尔
　铁塔 …………………………… 40
帝皇之城——紫禁城及天安门
　广场 …………………………… 43
高原宫殿——西藏布达拉宫 ……… 46
悉尼之魂——澳大利亚悉尼歌
　剧院 …………………………… 47
世纪新标——2008奥运"鸟巢"
　国家体育场 …………………… 49

世界艺术奇迹

自由象征——美国自由女神像 …… 51
俯瞰天下——巴西基督像 ………… 53
和谐之美——《断臂的维纳斯》
　雕像 …………………………… 55
镇海守岛——复活节岛摩艾

1

石像 …………………………… 56
法老守护——"司芬克斯"
　石像 …………………………… 57
形与山齐——乐山大佛 …… 58
史前岩画——非洲岩画 …… 60
撒哈拉岩画 …………………… 60
南部非洲岩画 ………………… 61
神秘微笑——达·芬奇的《蒙娜
　丽莎》 ………………………… 62
巨型画廊——敦煌莫高窟 … 63
雕塑奇观——秦始皇兵马俑 … 65
音乐之最——贝多芬的《命运
　交响曲》 ……………………… 66

世界遗址奇迹

罗马标志——古罗马斗兽场 … 68
神秘通道——马里廷巴克图遗址
　和杰内古城 …………………… 72
巨石之林——爱尔兰博因遗
　迹群 …………………………… 74
荒漠古邑——约旦佩特拉
　古城 …………………………… 76
废奴传说——基尔瓦遗址和松戈
　马拉遗址 ……………………… 77
奥运之根——奥林匹亚考古
　遗址 …………………………… 78
玛雅文明——洪都拉斯科潘
　玛雅遗址 ……………………… 80
巅峰之城——秘鲁印加马丘
　遗址 …………………………… 82
千古之异——英国史前巨
　石阵 …………………………… 85

世界宗教奇迹

教皇圣都——梵蒂冈城教堂 …… 88
佛祖之诞——佛祖诞生地兰
　毗尼 …………………………… 91
难及典范——帕特侬神庙 …… 93
奥妙神庙——马耳他岛巨石
　庙宇 …………………………… 96
七首神龙——柬埔寨吴哥窟 … 98
如来之诞——印度阿旃陀石
　窟群 …………………………… 99
千佛石塔——印度尼西亚婆罗
　浮屠寺庙群 ………………… 101
罕世法宝——韩国海印寺及
　藏经处 ……………………… 104
大乘故里——帕哈尔普尔的
　佛教毗诃罗遗址 …………… 106
泓寺瑰宝——日本清水寺 … 107

世界发明奇迹

辨别方向——最早的指南针 … 109
承载文化——造纸术的发明 … 110
传承文化——印刷术的发明 … 111
兵器革命——火药的发明及
　应用 ………………………… 113
神效银针——中国针灸术 … 115
地动先知——张衡的候风地
　动仪 ………………………… 117
俯视大地——飞机的发明与
　发展 ………………………… 119
工业之始——蒸汽机的发明 … 120
艺术新宠——电影的诞生 … 122
空中电波——无线电机的

发明 …………………… 123
千里传音——电话的发明 ……… 124
神速电脑——电子计算机的
　发明 …………………… 125
智能机器——机器人的发明 …… 126
天外飞仙——宇宙飞船的
　发明 …………………… 128

世界发现奇迹

生命传递——DNA的发现和
　探索 …………………… 130
苹果落地——万有引力定律 …… 131
智者见智——广义相对论 ……… 132
崭新元素——钋和镭的发现 …… 133
意外惊喜——青霉素的发现 …… 134
地外探索——太阳系的发现
　和探索 ………………… 135
奇异射线——X射线的发现 …… 136
神秘射线——宇宙射线的发现
　和探索 ………………… 138
致命天体——黑洞的发现和
　探索 …………………… 139
开辟新地——哥伦布发现新
　大陆 …………………… 139
以病治病——种痘防天花 ……… 141

世界生物奇迹

沉睡千年——千年莲子开花 …… 142
五世同堂——树木中的老前辈
　银杏树 ………………… 143
世界油王——油量惊人的
　油棕 …………………… 144
奇迹之树——疯长的毛竹 ……… 145
耐盐植物——盐角草 …………… 146
百年不凋——百岁叶 …………… 146
风驰电掣——奔跑的猎豹 ……… 147
至尊活宝——"活化石"大
　熊猫 …………………… 148
生物复制——克隆技术的出现
　和探索 ………………… 150
繁衍奇迹——试管婴儿的
　诞生 …………………… 151

世界自然奇迹

天堂焰火——阿拉斯加极光

阿拉斯加州是美国最大的州，位于北美大陆西北端，东与加拿大接壤，另三面环北极海、白令海和北太平洋。按地理区域可划分为西南区、极北区、内陆区、中南区和东南区。极北区是出现极光和极昼的地区。极光最常出没在南北纬67°附近的两个环状带区域内，分别称作南极光区和北极光区。北半球以阿拉斯加、北加拿大、西伯利亚、格陵兰、冰岛南端与挪威北海岸为主。爱斯基摩人认为极光是"鬼神引导死者灵魂上天堂的火炬"。

北极附近的阿拉斯加、北加拿大是观赏极光的最佳地点。阿拉斯加的费尔班克斯更赢得"北极光首都"的美称，一年之中有超过200天的极光现象。阿拉斯加的西娜温泉、基利、阿利阿斯卡等地也是观赏极光的好地方。美国阿拉斯加等地的天空中，美丽的极光还呈现出变幻无穷的形状，一会是帷幕状、弧状，一会又是带状和射线状等多种形状。极光瞬间变动的形体，吸引了不少观看者。

极光的形成与太阳活动息息相关。逢到太阳活动极大年，可以看到比平常年更为壮观的极光景象。在许多以往看不到极光的纬度较低的地区，也能有幸看到极光。2003年10月29日晚，在美国的阿拉斯加，极光不同于以往的绿色，呈现了更多的色彩。当夜，红、蓝、绿相间的光线布满夜空中，场面极为壮观。虽然这

阿拉斯加极光

是一件难得一遇的幸事，但在往日平淡的天空中突然出现了绚丽的色彩，在许多地区甚至还造成了恐慌。在美国阿拉斯加州费尔班克斯还出现过黑极光。黑极光是指正常亮极光之间的暗带，也称反极光。正常的极光是电子或带负电的粒子沿着地球的磁场冲向地球大气，撞击地球大气分子，使

它们电离而发出的辉光。黑色的反极光，则是地球电离层中带负电的粒子，从地球磁场线的间隙被吸出去所产生的现象。这种黝黑的反极光延伸的高度可达2万多千米，持续时间有时长达数分钟。

产生极光的原因是来自大气外的高能粒子（电子和质子）撞击高层大气中的原子的相互作用。这种相互作用常发生在地球磁极周围区域。现在所知，作为太阳风的一部分带电粒子在到达地球附近时，被地球磁场俘获，并使其朝向磁极下落。它们与氧和氮的原子碰撞，击走电子，使之成为激发态的离子，这些离子发射不同波长的辐射，产生出红、绿或蓝等色的极光特征色彩。在太阳活动盛期，极光有时会延伸到中纬度地带，例如，在美国南到北纬40°处还曾出现过北极光。极光最后都朝地极方向退去，辉光射线逐渐消失在弥漫的白光天区。造成极光动态变化的机制尚未完全明了。

大多数极光出现在地球上空90~130千米处，但有些极光要高得多。在地平线上的城市灯光和高层建筑可能会妨碍我们看光，所以最佳的极光景象要在乡间空旷地区才能观察得到。

阿拉斯加的极光是吸引游客的一大亮点，而另一个亮点居然是当地居民。爱斯基摩人自称为"因纽特人"，在爱斯基摩语中即"真正的人"之意，多住在北极圈内的格陵兰岛（丹麦）、加拿大的北冰洋沿岸和美国的阿拉斯加州。爱斯基摩人都是矮个子、黄皮肤、黑头发，这样的容貌特征和蒙古人种相当一致。爱斯基摩人是由亚洲经两次大迁徙进入北极地区的，经历了4000多年的历史。在世界民族大家庭中，爱斯基摩人无疑是最强悍、最顽强、最勇敢和最为坚韧不拔的民族。

传统的爱斯基摩人过着近乎原始的生活，他们四处打猎，靠天吃饭，生产力水平非常低，每天为食物而奔波。与之相适应的是，爱斯基摩人有共享自然资源的传统，只有武器、日常生活用具和衣服归个人所有。现在真正的爱斯基摩人大约只有15万人，他们的生活今非昔比，已经相当现代化了。

摩天地标——珠穆朗玛峰

珠穆朗玛峰位于我国西藏与尼泊尔王国交界处的喜马拉雅山脉中段，海拔8848.13米，有地球"第三极"之誉。"珠穆朗玛"是佛经中女神名字的藏语音译。山体呈金字塔状，山上有冰川，最长的冰川达26千米。山峰上部终年被冰雪覆盖，地形陡峭高峻，是世界登山运动员所瞩目和向往的地方。

珠穆朗玛峰是典型的断块上升山峰。在其前寒武纪变质岩系基底和上覆沉积岩系间为冲掩断层带，早古生

珠穆朗玛峰

代地层即顺此带自北往南推覆于元古代地层上。峰体上部为奥陶纪早期或寒武——奥陶纪的钙质岩系（峰顶为灰色结晶石灰岩），下部为寒武纪的泥质岩系（如千枚岩、夹片岩等），并有花岗岩体、混合岩脉的侵入。始新世中期结束至海侵以来，珠穆朗玛峰不断上升，上新世晚期至今约上升了3000米。由于印度板块和亚洲板块以每年5.08厘米的速度互相挤压，致使整个喜马拉雅山脉仍在不断上升中。珠穆朗玛峰每年也增高约1.27厘米。

珠穆朗玛峰周围辐射状分布有许多条规模巨大的山谷冰川，长度在10千米以上的有18条。其中以北坡的中绒布、西绒布和东绒布三大冰川与它们的三十多条中小型支冰川组成的冰川群为主。珠穆朗玛峰周围5000平方千米范围内的冰川覆盖面积约1600平方千米。在许多大冰川的冰舌区还普遍出现冰塔林。古冰斗、冰川槽形谷地、冰川或冰水侵蚀堆积平台、侧碛和终碛垄等古冰川活动遗迹也屡见不鲜。因寒冻风化强烈，峰顶岩石嶙峋，角峰与刃脊高耸危立，遍布着岩屑坡或石海。土壤表层反复融冻形成石环、石栏等特殊的冰缘地貌现象。

珠穆朗玛峰山体呈巨型金字塔状，威武雄壮昂首天外。珠峰地形极端险峻，环境异常复杂。雪线高度：北坡为5800~6200米，南坡为5500~6100米。东北山脊、东南山脊和西山山脊中间夹着三大陡壁（北壁、东壁和西南壁），在这些山脊和峭壁之间又分布着548条大陆型冰川，总面积达1457.07平方千米，平均厚度达7260米。冰川的补给主要靠印度洋季风带两大降水带积雪变质形成。冰川上有千姿百态、瑰丽罕见的冰塔林，又有高达数十米的冰陡崖和步步陷阱的明暗冰裂隙，还有险象环生的冰崩雪崩区。

高峰林立的喜马拉雅山

珠峰不仅巍峨宏大，而且气势磅礴。在它周围20千米的范围内，群峰林立，重峦叠嶂。仅海拔7000米以上的高峰就有四十多座，较著名的有南面3000米处的"洛子峰"（海拔8463米，世界第四高峰）和海拔

7589米的卓穷峰,东南面是马卡鲁峰(海拔8463米,世界第五高峰),北面3千米是海拔7543米的章子峰,西面是努子峰(海拔7855米)和普莫里峰(海拔7145米)。在这些巨峰的外围,还有一些世界一流的高峰遥遥相望:东南方向有世界第三高峰干城嘉峰(海拔8585米,是尼泊尔和锡金的界峰);西面有海拔7998米的格重康峰、8201米的卓奥友峰和8012米的希夏邦马峰。所有这些高峰形成了群峰来朝,峰头汹涌波澜壮阔的场面。

雪 豹

珠峰保护区包含着世界最高峰——珠穆朗玛峰和其他四座海拔8000米以上的山峰。整个保护区划分为核心保护区、缓冲区和开发区三个类型。保护区地势北高南低,地形地貌复杂多样。区内生态系统类型多样,生物资源丰富,基本保持原貌。珍稀濒危物种、新种及特有种较多。初步调查共有高等植物2348种,哺乳动物53种,鸟类206种,两栖动物8种,鱼类10种。其中含有代表该地域特色的国家重点保护的珍稀濒危动植物47种,其中国家一级保护动植物10种,二级保护动植物28种。如雪豹、藏野驴、长尾叶猴等都是国家重点保护的动物,其中雪豹被确定为保护区的标志性动物。

万物繁衍——亚马孙河流域

在南美洲安第斯山脉中段科罗普纳山的东侧,有一股涓涓细流,顺着山脉东麓古老岩石的表面向北流,在秘鲁伊基托斯市以北转而向东。一路上它汇聚了成千上万条支流,形成一股势不可挡的滚滚洪流,日夜不息地倾入大西洋。它就是世界第一大河——亚马孙河。亚马孙河是拉丁美洲人民的骄傲。它浩浩荡荡,千回万转,蜿蜒流经南美洲的8个国家和1个地区,滋润着700多万平方千米的广阔土地。拉丁美洲人民自豪地说:"安第斯山是我们的矛,亚马孙河是我们的盾。"

亚马孙河的名字与一个希腊神话有关。相传,在黑海高加索一带有个叫亚马孙的女人国,妇女们勇敢强悍。当初西班牙殖民主义者来到亚马孙河流域,发现当地居民像亚马孙女人国的妇女一样勇敢顽强,是一个不甘屈服于外来侵略势力的民族。而源远流长的亚马孙河神秘莫测,也难以驯服,于是这条河流被称为"亚马孙河"。亚马孙河是世界上流量最大、流域面积最广的河流，全长6751千米，沿途接纳约1000条支流，其中长度在1500千米以上的大支流就有17条，流域面积达705万平方千米，约占南美大陆总面积的40%。多年来，国际地理学界一直认为埃及的尼罗河是世界最长的河流。但美国地质、地理学家经过反复测定，认为亚马孙河超过了尼罗河，是世界上最长的河流。

亚马孙河流域的热带雨林大部分位于巴西境内，所在地区的海拔大多低于200米。这里雨量充沛，加上安第斯山脉冰雪消融带来大量河水，每年有大部分时间被洪水淹没。亚马孙河流域地处赤道附近，气候炎热潮湿，雨量充沛，年平均温度在25℃～27℃之间，年平均降水量在1500～2500毫米。这种气候条件很适宜各种热带植物的生长。亚马孙河流域是一座巨大的天然热带植物园。据统计，这一地区的植物品种不下5万种，其中已经做出分类的就有25000多种。茂密葱茏的林海覆盖了整个亚马孙河流域，以至它的一些支流至今还没有被发现。1976年，巴西空军用红外线从空中拍摄了亚马孙河流域的照片，通过对照片的分析，竟意外地发现了一条长达600千米的河流。这条河流由于被密密的森林和浓重的雾霭所遮盖，一直没有被人发现。

亚马孙河流域的动物种类也很丰富，有不少珍禽异兽，主要有美洲

树 獭

豹、貘、犰狳、树豪猪等。这一地区森林茂密，再加上河滩地带定期泛滥，这种特殊的地理环境迫使这里的动物必须学会攀援树木或者葛藤，而树枝和葛藤是经受不住过于笨重的动物的。因此，亚马孙地区的哺乳动物一般体形都比较小，而且大多数是生活在树上，例如，树懒、猿猴、小食蚁兽、负鼠、蝙蝠等。这里的大小河流纵横交错，为淡水鱼和各种水栖动物提供了一个自由的乐园。

亚马孙河主流和支流中的鱼种多达2000种，这里有长约4米、重200千克的皮拉鲁库鱼，有带有发电器官的电鳗和电鲶。巨龟和龟蛋是当地居民的主要食品之一。龟蛋可以制成龟油。两栖类动物中最著名的是树蛙和负子蟾。有一种牙齿锐利非常的食人鱼，体长仅20～40厘米，形似鲳鱼，非常嗜血，一旦有一只动物被一条食人鱼咬出血，成百上千条食人鱼就会闻到味而扑来抢食。据说，它们袭击牛、马需要15分钟，而吃人仅需5分钟。这一地区现在已经知道的鸟类就约有1500种。昆虫的种类不计其

数,光是蚂蚁就有5000种。这里昆虫的特点是体形特别大,例如黑蚁长达4厘米;有一种夜蝶的翅膀,长达27厘米;还有一种长达20~30厘米的大蜘蛛,靠张网捕鸟为生。

银河倾斜——尼亚加拉大瀑布

尼亚加拉瀑布是世界知名的三大瀑布之一。"尼亚加拉"在印第安语中意为"雷神之水"。印第安人认为瀑布的轰鸣就是雷神说话的声音,因为瀑布巨大的水流以银河倾倒、万马奔腾之势直捣河谷,咆哮呼啸,如阵阵闷雷,声及数千米之外。尼亚加拉河左濒加拿大,右接美国,从伊利湖蜿蜒流向安大略湖,全长57.6千米。上游地势平坦,水流缓慢,及至中游,河面陡落48米,河水在此垂直下泻,形成巨瀑,这就是著名的天下奇观——尼亚加拉瀑布。

尼亚加拉大瀑布

尼亚加拉瀑布宽1240米,平均落差55米,最大流量达6700立方米/秒,将近黄河水量的3倍。伊利湖水流入比它低一百多米的安大略湖,途经地表石灰岩断层形成巨大的落差,造就了尼亚加拉瀑布奇观。据科学家考证,尼亚加拉瀑布已经有1万多年的历史。参观尼亚加拉瀑布最好的时间是每年7~9月,因为这时的水量最大。

伊利湖水经过河床绝壁上的山羊岛,被分隔成2部分,分别流入美国和加拿大,形成大小两个瀑布。小瀑布称为"美国瀑布",在美国境内,高达55米,瀑布的岸长达328米。大瀑布称为"加拿大瀑布"或"马蹄瀑布",形状有如马蹄,在加拿大境内,高达56米,岸长675米。

小瀑布因其极为宽广细致,很像一层新娘的婚纱,故又称为"婚纱瀑布"。由于湖底是凹凸不平的岩石,因此水流呈漩涡状落下,与垂直而下的马蹄瀑布大不相同。这里也成了情侣约会和新婚夫妇度蜜月的胜地。

马蹄瀑布水量极大,水从50多米的高处直接落下,气势有如雷霆万钧,溅起的浪花和水汽,有时高达100多米,当阳光灿烂时,便会营造出一座美丽的七色彩虹。人稍微站得近些,便会被浪花溅得全身是水。若有大风吹过,水花可溅得更远,如同下雨一般。冬天,瀑布表面会结成一层薄薄的冰。只有在这时,瀑布才会寂静下来。

尼亚加拉瀑布是一幅壮丽的立体画卷,从不同的角度观赏,会有不同的感受。正如西方著名文学家狄更斯用那充满哲理的语言所表达的："尼亚加拉瀑布优美华丽，深深刻上我的心田；铭记着，永不磨灭，永不迁移，直到她的脉搏停止跳动，永远，永远。"

在尼亚加拉大瀑布下面有一座同名博物馆。据说尼亚加拉大瀑布博物馆是北美最早的博物馆。1819年美、加在此划定边界后，1828年英国收藏家就在这里建立了这座博物馆。1998年，该馆拍卖了其他藏品，只留下尼亚加拉大瀑布的有关文物和资料，展出规模也因此缩小了。博物馆的陈列向人们展示了12000多年前这个大瀑布形成的地质历史，以及对瀑布的开发和参观游览盛况。许多艺术照片真实地再现了7000立方米/秒的流量从1000余米宽的崖岸上跌落下来的人间奇景。这个袖珍型的博物馆陈列可以说应有尽有。

一瀑两国——伊瓜苏瀑布

南美洲的伊瓜苏瀑布是南美最大的瀑布，也是世界五大瀑布之一，它的名称是从瓜拉尼印第安语（Guarani Indian）适当引用的，意思是巨大的水。该瀑布位于阿根廷和巴西两国边境。1934年，阿根廷在伊瓜苏瀑布区建立了670平方千米的国家公园。这里生长着2000品种的植物群和400品种的鸟类，仅已知的蝴蝶种类就达800种左右。当地贫困居民的

伊瓜苏大瀑布

偷猎为这些国家公园造成威胁。巨獭可能已经灭绝。尤其凯门鳄的皮是偷猎的目标而因此受到相应的保护。1984年，伊瓜苏瀑布被联合国教科文组织列为世界自然遗产。

1542年，一位西班牙传教士在南美巴拉那河流域的热带雨林中，意外地发现了伊瓜苏大瀑布：层层叠叠的瀑布环绕着一个马蹄形峡谷咆哮着倾泻而下，激起的水雾弥漫在密林上空，奔流而下的水流声几千米外都能听见。

伊瓜苏大瀑布在伊瓜苏河上，这条河在巴西高原上流了1000多千米，沿途集纳了大小河流30条之多，到了大瀑布前方，已是一条大江河了。伊瓜苏河奔流千里来到两国边界处，从玄武岩崖壁陡落到巴拉那河峡谷时，在总宽约4000米的河面上，河水被断层处的岩石和茂密的树木分隔为275股大大小小的瀑布，跌落成平均落差为72米的瀑布群。由于河水的水量极大，在这里汇成了一道气势磅礴的世界最宽的大瀑布，其水流量

达到了1700立方米/秒。这一道人间奇景，在30千米外就能听到它的飞瀑声。

伊瓜苏在这里形成这一壮丽的大瀑布，是与其地质、地理条件分不开的。大瀑布所处的地形是由12亿年前岩浆喷发而成。巴西的巴拉那河谷是南北走向的玄武岩，但伊瓜苏河及其河床岩层的走向正好与巴拉那河垂直，其河水的冲刷与侵蚀作用远远比巴拉那河微弱。这样，就在伊瓜苏河与巴拉那河相交汇处，造成了河床的水平位差，日久天长，经过无数个日日夜夜，就形成了现在的伊瓜苏大瀑布。直到现在，大瀑布依然在改变着，这种变化还将一直进行下去。

伊瓜苏河发源于库里蒂巴附近的马尔山脉，向西蜿蜒流经巴西高原1320千米，沿途接纳大小支流约30条，流至伊瓜苏瀑布处，河面展宽至4千米，河中大小岩岛星罗棋布，把河水分隔成一系列急流，平均流量1750立方米/秒，雨季（11月～翌年3月）流量达1.27万立方米/秒。

当伊瓜苏河从巴西高原的辉绿岩悬崖陡落入巴拉那峡谷时，形成275股大小瀑布，在汛期连成一道宽3.5千米～4千米、落差60～82米的马蹄形大瀑布，其雷鸣般的跌落声远及周围25千米，溅起的珠帘般雾幕高达30～150米，在阳光映射下形成无数光怪陆离的彩虹，蔚为壮观。伊瓜苏瀑布在落差和宽度上都远远超过北美洲的尼亚加拉瀑布，景色也更为雄伟壮丽。

巴西和阿根廷两国在瀑布的南北两侧分别建了国家公园。阿根廷国家公园面积6.5万公顷，1975年在瀑布上游修建了一座绿色栏杆小桥，桥面蜿蜒曲折，连绵3000米，游人可达瀑布边缘。巴西一侧的公园为巴西最大的森林保护区，面积达17万公顷，园内多野生动物。

瀑布分布于峡谷两边，阿根廷与巴西就以此峡谷为界，在阿根廷和巴西观赏到的瀑布景色截然不同。阿根廷那边分上下两条游览路线，下路蜿蜒贯穿在密林之中，可自下而上领略每一段瀑布的宏伟或妩媚，可说是10步一景，上路是自上而下感受瀑布翻滚而下的气势。在巴西区能够欣赏到阿根廷这边主要瀑布的全景。

伊瓜苏瀑布与众不同之处在于观赏点多。从不同地点、不同方向、不同高度，看到的景象不同。峡谷顶部是瀑布的中心，水流最大最猛，人称"魔鬼喉"。伊瓜苏瀑布气势最宏伟的"魔鬼喉"，在阿根廷那边是从上往下看，9股水流咆哮而下，惊心动魄，同时还可以望见环形瀑布群的全景；在巴西这边是从下往上看，水幕自天而降，另有一番感受。

火炽地心——维苏威火山

维苏威火山是意大利乃至全世界

最著名的火山之一，位于那不勒斯市东南，海拔高度1281米。维苏威火山在历史上多次喷发，最为著名的一次是公元79年的大规模喷发。灼热的火山碎屑流毁灭了当时极为繁华拥有两万多人口的庞贝古城。其他几个有名的海滨城市如赫库兰尼姆、斯塔比亚等也遭到严重破坏。直到18世纪中叶，考古学家才把庞贝古城从数米厚的火山灰中挖掘出来，那些古老的建筑和姿态各异的尸体都完好地保存着，这一史实已为世人熟知，庞贝古城至今仍是意大利著名的游览胜地。

今天，如果我们到维苏威山顶火山口的边沿去观察，很难想象到公元79年的那次巨大的灾难就是从这个火山口降临到周围地区的。从火山口里冒出来的几缕蒸汽只是极有限地向我们透露着一点火山仍然生存着的迹象。

目前，维苏威火山正处在爆发结束以后一个新的沉寂期。如果按照它以往的记录推算的话，维苏威火山的下一个活跃期距离我们今天还相当遥远。但是，大自然的活动有时并不严格遵循某种规则，说不定什么时候就会有一股热流从火山口冲出地面。虽然出现这种现象的可能性并不大，但也绝非不可能。

从高空俯瞰维苏威火山的全貌，那是一个漂亮的近乎圆形的火山口，正是公元79年那次大喷发形成的。维苏威火山并不太高，走在火山渣上

维苏威火山

面脚底下还发出沙沙的声音。由于维苏威火山一直很活跃，因此后期形成的新火山上一直没有长出植被，看起来有点秃。而早期喷发形成的位于新火山外围的苏玛山上已有了稀疏的树木。站在火山口边缘上可以看清整个火山口的情况。火山口深约一百多米，由黄、红褐色的固结熔岩和火山渣组成。从熔岩和火山灰的堆积情况还可看出维苏威火山经历了多次喷发，熔岩和火山灰经常交替出现。尽管自1944年以来维苏威火山没再出现喷发活动，但平时维苏威火山仍不时地有喷气现象，说明火山并未"死去"，只是处于休眠状态。

维苏威火山地区最让人神往莫过庞贝古城了。公元前50年，著名的古希腊地理学家斯特拉博内提出假说，断定维苏威地区的岩石为火成岩，但他却没有发现火山再次进入活跃期的任何征兆。甚至在公元62年一场大地震肆虐维苏威地区之后，人们还仍然认为维苏威山是一座宁静的平顶山峰。

维苏威火山喷发想象图

公元79年8月初，维苏威火山周围的地区又发生了多次震颤。与此同时，数口水井干涸了，泉水停止了涌动，所有这些都在表明地球内部的压力在升高。8月20日，这一地区发生了一次震级不高的地震。马和牛群表现得兴奋异常、惊慌不安，鸟却出奇地安静。一些对公元62年的地震还记忆犹新、心存恐惧的人们纷纷收拾起财物，开始向安全地带撤离。他们走得再及时不过了。8月23日夜晚或24日清晨，火山灰开始从火山口溢出，下风处的地上铺上了薄薄一层火山灰。刚发生的一切看上去似乎仍无大碍。但是，在下午1点钟左右，火山这只恶魔开始显露出狰狞的面目。随着巨大的爆裂声，火山口的底部像一个封住固体岩浆的塞子，在巨大的压力下终于再也承受不住，被撕成碎块冲上天空。维苏威火山变成

了一门巨大的、炮口冲天的火炮。熔岩以大约两倍声速的速度向大气层喷射。在冲上天空的过程中，它们被粉碎成小颗粒，冲势也渐渐减弱下来，扩散成一个大云团，被气流带往东南方向。火山所在地的庞贝和斯塔比亚即将遭受岩屑和碎石暴雨般的袭击。

30多千米之外，在海湾另一端的米塞纳海港，一位受惊的年轻人目睹了这次火山爆发。这位少年历史上称为小普林尼，当时他正和母亲一道来到米塞纳拜访他的叔父老普林尼。按照他的记述，云团在火山爆发的第一阶段酷似一棵松树。先是升腾到天空，像树干一样，然后从顶端发散出分叉。颜色时白时黑，黑白相间，好似含有尘土和火山渣。与此同时，维苏威火山东南方向的海岸和丘陵地带已变成一个恐慌的世界。随高空气流而至的云团覆盖了庞贝和附近的庄园，将它们笼罩在一片黑暗之中。接踵而至的是无休止的岩屑雨，这些岩石小的还不及米粒，大一些的则似拳头。这些岩屑是一种气体释放后形成的多孔的、重量较轻的石头，但大约10%是实心石头。尽管落下来的大部分是浮石，由于下降速度很快，这些较重的抛射物使不少人丧生。火山灰在这一地区飘落了几天之久，致使庞贝的大部分地方从人们的视野中消失。火山最后一次喷发释放出的火山灰几乎覆盖了所有剩余的一切，掩盖了城市痛苦不堪的最后挣扎。

重见天日的庞贝古城

根据测算，这次火山爆发持续了30多个小时，喷发到地面的物质大约有3立方千米。"庞贝爆发"在我们所知道的火山爆发中占有重要的地位，当然也是人口稠密区最大的火山爆发。直到18世纪初期考古挖掘以前，庞贝是在地面上被勾销了的古城。

欧洲屋脊——阿尔卑斯山

阿尔卑斯山是欧洲最高大、最雄伟的山脉。它西起法国东南部的尼斯，经瑞士、德国南部、意大利北部，东到维也纳盆地，呈弧形贯穿了法国、瑞士、德国、意大利、奥地利和斯洛文尼亚6个国家，绵延1200千米。阿尔卑斯山山势高峻，平均海拔达到3000米左右，海拔4000米以上的山峰有100多座。

在阿尔卑斯山脉的无限风光中，勃朗峰以其山峰壮景最为引人注目。勃朗峰位于法国东北部，接近意大利边境。勃朗峰海拔4807米，是阿尔卑斯山脉的最高峰，也是欧洲最高峰，享有"欧洲屋脊"之美称。此峰终年为白雪覆盖，"勃朗"在法语中即"白"的意思。皑皑的雪峰犹如教堂的圆顶，气势磅礴。勃朗峰那巨大的圆顶盖满着万年积雪，冰川向四周倾泻。勃森斯冰河犹如一条银龙，一直向下窜往沙木尼。勃朗峰四周的山峰，如剑如戟，似针似指，围着勃朗峰，竞出高寒，直插云霄。奇险之处若不是亲临，恐怕难以想象。雪峰、冰川、冰谷、云海，组成世间难得一见的宏伟山景。

阿尔卑斯山另外一个著名的山峰是少女峰。少女峰位于瑞士因特拉肯市正南二三十千米处，海拔4158米，差不多是珠穆朗玛峰的一半，是伯尔尼高地最迷人的地方。这里终年积雪，如果天气晴朗，极目四望，景象壮丽。山间景色随着季节变化而变化：夏日融雪，便露出覆盖坚冰的石砾；早冬降雪，又把山坡变成白玉，愈发娇艳。

少女峰的主要山峰有3座，呈东

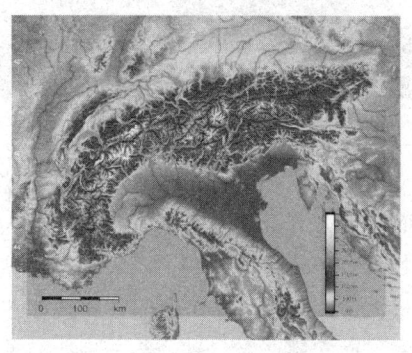

阿尔卑斯山脉地形图

西向排列。由东而西分别为艾格尔峰、教士峰和少女峰,三峰的高度分别为3970米、4099米、4158米。关于这三座山峰的名字有许多美丽的传说,少女峰也因此成为许多艺术家创作的素材。在海拔约4000米、总面积约470平方千米的广阔地域内,环绕着艾格尔峰、教士峰、少女峰三座名峰的是一条瑞士最长的冰河——阿莱奇冰河。壮丽宏伟的山河可谓是阿尔卑斯山创造的自然艺术。

从自然保护的角度出发,1930年在阿莱奇地区设立了森林保护区,这在瑞士保护生态平衡运动中起了先驱的作用。当然,保存完好的阿尔卑斯山特有的高山植物或动物的生态系统也值得一提。这里是瑞士的第一个世界自然遗产。

勃朗峰

在奥地利境内的阿尔卑斯山深处有一处冰洞奇观——冰像洞穴,被人称为"冰雪巨人的世界",它是欧洲最大的冰穴网。冰穴内的柱廊犹如迷宫,而穴室长约40千米,一直伸展到奥地利萨尔茨堡以南,好像教堂一般宽阔。冰穴的入口处有一堵高达30米的冰壁,冰壁上面是迷宫般的地下洞穴和通道。冰的造型犹如童话故事里描述的世界,因此赢得了"冰琴"、"冰之教堂"等名称。

山的深处还有冰凝的帷帘悬垂着,称为"冰门"。在山的更高处,偶尔会有冰冷的气流夹着呼啸声,沿狭窄的洞穴通道吹过。"冰雪巨人"是水渗入到数万年前形成的石灰岩洞的结果。冰像洞穴位于海拔1500米以上,冬天穴内异常寒冷。春季的融水和雨水渗进洞穴里,瞬间便凝结成壮观的积冰造型。

阿尔卑斯山脉地处温带和亚热带纬度之间,成为中欧温带大陆性湿润气候和南欧亚热带夏干气候的分界线。在阿尔卑斯山区,因为四周有高山的保护,越深的山谷越干燥,越高的山峰则有较多雨量。降雪量也是各地区不同。海拔700米的地区,有雪的日子每年约3个月;1800米地区,有雪的日子可达半年;2500米地区,有雪的日子可达10个月,2800米以上地区,则终年积雪。在冬天,阿尔卑斯山区经常阳光普照,因此冬天是旅游阿尔卑斯山的最佳季节。

岩石万象——中国路南石林

石林坐落在昆明南边的石林彝族自治县境内,距昆明市86千米。景区由大小石林、乃古石林、大叠水、长湖、月湖、芝云洞、奇风洞7个风景片区组成。全县共有石林面积400平方千米,是一个以岩溶地貌为主体的,在国内外知名度较高的风景名胜区。

所谓岩溶地貌,也叫喀斯特地貌,是指地表可溶性岩石(主要是石灰岩)受水的溶解而发生溶蚀、沉淀、崩塌、陷落、堆积等现象,而形成各种特殊的地貌——石林、石峰、石芽、溶斗、落水洞、地下河,以及奇异的龙潭、众多的湖泊等,这些现象总称喀斯特。我国的云南、贵州、广西、广东、福建、四川等省、自治区都有分布,其中发育得最好、最美的石林当属昆明路南石林首屈一指。1966年,中国第2次喀斯特学术会议建议将"喀斯特地貌"改为"岩溶地貌",故在中国又叫岩溶地貌。

人们常说"路南石林","路南"是彝族的音译,含义是黑色的石头。这里距昆明120千米,是世界闻名的喀斯特地区之一,被人们赞誉为"天下第一奇观"。石林景区植被生长良好,森林覆盖率为30%。目前,石林风景区有小型的哺乳动物、爬行类动物、鸟类和昆虫等。凡滇中地区适宜的木本植物和花卉,在石林都可生长。

据科学鉴定,距今2.7亿年前,石林地区还是一片汪洋,海底沉积有厚厚的石灰岩,经中生代地壳的运动,海底上升露出水面形成陆地。200万年来,在高温多雨的环境中,

路南石林

在强烈的溶蚀和日复一日的风化作用下,海水和雨水沿着构造裂隙运动,使溶沟不断地扩大和加深,久之先成石芽,继而形成千百万座拔地而起的石峰,与众多的石柱、石笋连片成群,最后形成了今天我们看到的石林。

在石林间的峡谷小路中穿行,就像在艺术博物馆中参观一样。众多巨石拔地而起,千姿百态,形态各异。人们根据石头的外形赋予了它们美丽的传说,其中最著名的就是"阿诗玛峰"的故事。

阿诗玛峰位于石林边缘,从某个特定角度看它,宛若一个身背花篮、亭亭玉立的美丽少女,她就是中国的少数民族撒尼族传说中的姑娘阿诗玛的化身。出于对她的怀念和敬仰,人们都喜欢与阿诗玛峰合影留念。

阿诗玛峰的倩影是路南石林最美的风景。此外,石林中还有骆驼峰、象石等众多传神的石刻作品。在路南石林,大自然的鬼斧神工给人无限的惊叹和感慨。

阿诗玛峰

在喀斯特地貌地区，溶洞很常见。石林的发育，离不开地下水道系统的支持。完善的地下水道系统，能不停息地将溶解了石灰岩的水溶液冲走，保证溶蚀过程持续不断地进行下去，最终塑造出像石林这种规模巨大、石峰造型千姿百态的地貌奇观。而地下水道自身也被不断地溶解，因此出现了地下溶洞，并随着地壳的变动，地下水的改道，有了错综复杂的溶洞。

路南石林的地下有许多神奇的溶洞，例如芝云洞和奇风洞。芝云洞位于石林之西北约3000米处，是岩溶地貌的地下奇观之一。洞内有洞，大者可容千人，四壁布满石钟乳，击之有钟鼓声。另有石床、石田、石浪、石秤等物，谓之"仙迹"。洞顶岩溶滴落，历经亿万年，或如仙翁拄杖而立，或如玉笋、宝塔，或如青蛙跃然欲行，莫不惟妙惟肖。奇风洞位于大小石林东北5000米处。它由间歇喷风洞、虹吸泉和暗河三部分组成。

路南石林的另一景色就是那些低等生物了。如果分别在冬季和夏季来到石林，人们就会注意到石林的颜色大不一样。原来当雨季来临时，附在岩石表面的藻类和苔藓，由于水分充足，生长旺盛，呈现一种墨绿色，使整个石林远看像一幅水墨画一般；冬季寒冷无雨时，石头上的藻类与苔藓干枯了，石林便呈现出一种灰白色。又由于石灰岩表面分布着一条条溶痕，凹凸不平，藻类与苔藓的分布也就相应不同，因此即使就单一的石灰岩来看，颜色也仿佛"墨分五彩"般具有丰富的层次。

地球之痕——东非大裂谷

东非大裂谷是世界大陆上最大的断裂带，从卫星照片上看去犹如一道巨大的伤疤。当乘飞机越过浩瀚的印度洋，进入东非大陆的赤道上空时，从机窗向下俯视，地面上有一条硕大无朋的"刀痕"呈现在眼前，顿时让人产生一种惊异而神奇的感觉，这

东非大裂谷

就是著名的"东非大裂谷",亦称"东非大峡谷"。

由于这条大裂谷在地理上已经实际超过东非的范围,一直延伸到死海地区,因此也有人将其称为"非洲——阿拉伯裂谷系统"。

那么,这条"伤痕"是怎样形成的呢?在1000多万年前,地壳的断裂作用形成了这一巨大的陷落带。板块构造学说认为,这里是陆块分离的地方,即非洲东部正好处于地幔物质上升流动强烈的地带。在上升流作用下,东非地壳抬升形成高原,上升流向两侧相反方向的分散作用使地壳脆弱部分张裂、断陷而成为裂谷带。张裂的平均速度为每年2~4厘米,这一作用至今一直持续不断地进行着,裂谷带仍在不断地向两侧扩展着。有关地理学家甚至预言,未来非洲大陆将沿裂谷断裂成两个大陆板块。

东非大裂谷底部是一片开阔的原野,20多个狭长的湖泊,有如一串串晶莹的蓝宝石,散落在谷地。中部的纳瓦沙湖和纳库鲁湖是鸟类等动物的栖息之地,也是重要的游览区和野生动物保护区,其中的纳瓦沙湖湖面海拔1900米,是裂谷内最高的湖。

东非大裂谷还是一座巨型天然蓄水池,非洲大部分湖泊都集中在这里,大大小小20多个,例如阿贝湖、沙拉湖、图尔卡纳湖、马加迪湖、维多利亚湖、基奥加湖等,属陆地局部拗陷而成的湖泊,湖水较浅。马拉维湖、坦噶尼喀湖等这些湖泊呈长条状展开,顺裂谷带连成串珠状,成为东非高原上的一大美景。

这些裂谷带的湖泊,水色湛蓝,辽阔浩荡,千变万化,不仅是旅游观光的胜地,而且湖区水量丰富,湖滨土地肥沃,植被茂盛,野生动物众多,大象、河马、非洲狮、犀牛、羚羊、狐狼、红鹤、秃鹫等都在这里栖息。坦桑尼亚、肯尼亚等国政府,已将这些地方辟为野生动物园或者野生动物自然保护区,比如,位于肯尼亚峡谷省省会纳库鲁近郊的纳库鲁湖,是一个鸟类资源丰富的湖泊,共有鸟类400多种,是肯尼亚重点保护的国家公园。在众多的鸟类之中,有一种名叫弗拉明哥的鸟,被称为世界上最漂亮的鸟。一般情况下,有5万多只火烈鸟聚集在湖区,最多时可达到15万多只。当成千上万只鸟儿在湖面上飞翔或者在湖畔栖息时,远远望去,一片红霞,十分好看。

有许多人在没有见东非大裂谷之前,凭他们的想象认为,那里一定是

东非大裂谷风光

一条狭长、黑暗、阴森、恐怖的断深涧，其间荒草漫漫，怪石嶙峋，渺无人烟。其实，当你来到裂谷之处，展现在眼前的完全是另外一番景象：远处，茂密的原始森林覆盖着连绵的群峰，山坡上长满了盛开着的紫红色、淡黄色花朵的仙人滨、仙人球；近处，草原广袤，翠绿的灌木丛散落其间，野草青青，花香阵阵，草原深处的几处湖水波光闪闪，山水之间，白云飘荡。裂谷底部，平平整整，坦坦荡荡，牧草丰美，林木葱茏，生机盎然。

地质奇观——科罗拉多大峡谷

世界闻名的科罗拉多大峡谷位于美国亚利桑那州科罗拉多高原上，为世界七大自然奇观之一。大峡谷的平均深度超过1500米。大峡谷分割了科罗拉多河，是世界上最壮观的峡谷。

科罗拉多峡谷的壮观景色举世无双。大峡谷大体呈东西走向，东起科罗拉多河汇入处，西到内华达州界附近的格兰德瓦什崖附近，形状极不规则，蜿蜒曲折，迂回盘旋。峡谷顶宽在6000～30000米之间，往下收缩成"V"形。两岸北高南低，最大谷深1500多米，谷底水面宽度不足千米，最窄处仅120米。大峡谷的南、北两岸因中间有水相隔，气候差异很大。南岸的大部分地区海拔1800～2000米，而北岸比南岸高400～600米。南岸年平均降水量仅为382毫米，北

科罗拉多大峡谷

岸则高达685毫米左右。

大峡谷栖息着约70种哺乳动物、40种两栖和爬行动物、230种鸟类。如珍稀的白头鹰、美洲隼、大蜥蜴等，这里还有世界上绝无仅有的凯巴布松鼠、玫瑰色响尾蛇。上千种植物分布在大峡谷上下，呈现明显的垂直分布。从谷底的亚热带仙人掌、半荒漠灌木，向上依次更替为温带和亚寒带的桧树、橡树、松树、云杉和冷杉林。由于河谷地层在结构、硬度上的差异，千百年河水的冲刷，在长长的峡谷间，谷壁地层断面节理清晰，层层叠叠，就像万卷诗书构成的图案，缘山起伏，循谷延伸。

科罗拉多大峡谷被列入《世界自然遗产名录》的最重要原因在于其地质学意义：保存完好并充分暴露的岩层，从谷底向上整齐地排列着北美大

陆从元古代到新生代不同地质时期的岩石，并含有丰富的具有代表性的生物化石，俨然是一部"地质史教科书"，记录了北美大陆的沧桑巨变和生物演化进程。

根据地质学家的研究，造就出大峡谷景观如此惊心动魄的主要原因基本上是沉积、抬升和侵蚀三种地质过程，经过亿万年的交替作用而成的。从古生代早期的寒武纪至3.6亿年前的泥盆纪时期，这一地区处于长期的稳定状态。当时此地位于大陆板块边缘的凹陷部分，上面覆着一层浅海，从陆地流下的冲积物在此沉淀。此后，或大或小规模的抬升和沉积作用交替进行，直至6500万年前，急遽加速的造山运动开始，并持续了数百万年之久。这里整个地区从此被抬升至海平面上，形成了今天的科罗拉多高原。到了新生代中期，2000多万年前，地壳板块运动又再度活跃，高原被抬升得更高，河流侵蚀力量相对加剧，切割高原并塑造了各式各样的地形景观，渐渐形成了今日大峡谷的雏形。

大峡谷的岩石包括砂岩、页岩、石灰岩、板岩和火山岩。自谷底向上，从几十亿年前的古老花岗岩、片麻岩到近期各个地质时代的岩层（最年轻的火山喷出岩形成时间仅1000年），都清晰地以水平层次出露在外。这些岩石质地不一，各岩层不仅硬度不同，且色彩各异，颜色随着一年中

侧面看科罗拉多大峡谷

不同季节里植被、气候条件的变化而变化。甚至在同一天里，大峡谷的岩石也会因时间的不同呈现出不同的景色：黎明初升的太阳使远方的岩壁闪耀着金银色光彩，而日落时晚霞把裸露的岩层映衬得像火焰一般。傍晚从大峡谷南岸望去，夕阳把大峡谷染成了橘红色，岩石在阳光照耀下变幻莫测；在月光下，两侧岩壁呈白色，衬着靛蓝色的阴影，十分醒目。所有这些，确实构成了一幅雄奇壮观的自然画卷。由于科罗拉多高原气候干燥，化学作用极为微弱，故岩石的原始色泽得以保持完好。

峡谷之首——雅鲁藏布江大峡谷

雅鲁藏布江大峡谷位于"世界屋

脊"青藏高原之上，平均海拔3000米以上，险峻幽深，侵蚀下切达5382米，具有从高山冰雪带到低河谷热带季风雨林带等九个垂直自然带，是世界山地垂直自然带最齐全、最完整的地方。雅鲁藏布江大峡谷的基本特点可以用十个字来概括：高、壮、深、润、幽、长、险、低、奇、秀。

雅鲁藏布江大峡谷

雅鲁藏布江大峡谷地区及其周边地区，地质上归属东喜马拉雅构造结，与西喜马拉雅构造结相对应，是印度大陆楔入欧亚大陆最强烈的部位。大峡谷地处强烈的地壳活动中心，是适应构造发育的构造弯、构造谷。大峡谷所在地区正是印度板块向欧亚板块俯冲碰撞的中心地带，东侧又受到太平洋板块的抵挡，因此大峡谷随构造转折而拐弯。目前已在大峡谷中发现多处来自地壳深处的基性、超基性岩体，证明板块缝合线构造的确存在。地质资料显示，大峡谷内侧的南迦巴瓦峰裸露的中深度变质岩系，经铷锶等射线法测定，其绝对年龄值为7.49亿年，这是迄今为止所测得的我国喜马拉雅山一侧地层的最老年龄值，相当于前寒武纪，与古老的印度台地地质年龄值相仿，它表明地质上这里是古老印度板块北伸的一部分。

雅鲁藏布江大峡谷两侧，壁立高耸着南迦巴瓦峰（海拔7782米）和加拉白垒峰（海拔7234米）。其山峰皆为强烈的上升断块，巍峨挺拔，直入云端。峰岭上冰川悬垂，云雾缭绕，气象万千。从空中或从西兴拉等山口鸟瞰大峡谷，在东喜马拉雅山无数雪峰和碧绿的群山之中，雅鲁藏布江硬是切出一条陡峭的峡谷，穿越高山屏障，围绕南迦巴瓦峰形成奇特的大拐弯，南泻注入印度洋，其壮丽奇特无与伦比。在南迦巴瓦峰与加拉白垒峰间的雅鲁藏布江大峡谷最深处达5382米，围绕南迦巴瓦峰核心河段，平均深度也约有5000米，其深度远远超过深2000多米的科罗拉多大峡谷、深3200米的科尔卡大峡谷和深4403米的喀利根德格大峡谷。

雅鲁藏布江大峡谷林木茂盛。由于地势险峻、交通不便、人烟稀少，而且许多河段根本没有人烟，加上大峡谷云遮雾罩、神秘莫测，所以环境特别幽静。雅鲁藏布江大峡谷以连续的峡谷绕过南迦巴瓦峰，长达496.3千米，比号称世界"最长"的大峡谷——科罗拉多大峡谷还长 56 千米。雅鲁藏布江大峡谷中许多河段两岸岩石壁立，根本无法通行，所以至今还无人全程徒步穿越峡谷。

整个大峡谷的自然景观可以用"雅鲁藏布江大峡谷秀甲天下"概括。谓其秀甲天下，主要是指无论在秀的广度、深度和力度上都独领风骚。大峡谷的秀还有其深远和雄伟的内涵。例如大峡谷之水，从固态的万年冰雪到沸腾的温泉，从涓涓溪流、帘帘飞瀑直至滔滔江水，固态、液态、气态变幻无穷。而从力度来看加拉白垒峰上，数百米的飞瀑 16 米/秒的流速、4425 立方米/秒的流量，甚为壮观。再如大峡谷之间，从遍布热带季风雨的低山一直到高入云天的皑皑雪山无一不秀；茫茫的林海及耸入云端的雪峰给人的感受更如神来之笔。

雅鲁藏布大峡谷不仅地貌景观异常奇特，而且还具有独特的水汽通道作用。在这条水汽通道上，年降水量为 500 毫米的等值线可达北纬 32°附近。而在这条水汽通道西侧，500 毫米降水量等值线的最北端仅为北纬 27°左右，两者相差 5 个纬距。这就意味着，由于这条水汽通道的作用，可以把等值的降水带向北推进 5 个纬距之多。水汽通道还使大峡谷地区的雨季提早到来。一般来说，西藏地区喜马拉雅山脉北侧的雨季在 6 月末到 7 月初开始，而沿这条水汽通道，雨季都在 5 月或 5 月之前开始，比通道两侧提早 1～2 个月。

浩瀚沙海——撒哈拉大沙漠

撒哈拉沙漠，是世界上最大的沙漠，位于非洲北部，西临大西洋，东濒红海，北起阿特拉斯山麓，南至苏丹，东西 4800 千米，面积 700 多平方千米。自古以来，撒哈拉这个孤寂的大自然便拒绝人们生存于其中。风声、沙动支配着这个壮观的世界。风的侵蚀、沙粒的堆积造成了这个极干燥的地表。

撒哈拉沙漠

"撒哈拉"一词，阿拉伯语的原意是"广阔的不毛之地"，后来转意为大荒漠。撒哈拉沙漠水源贫乏，植物稀少，地势平缓，平均海拔高度约 300 米，中部有三大高原和海拔 3415 米的最高峰库西山。高原上布满了在过去潮湿气候时期流水形成的干河谷。高原的外围是大片的岩漠和砾漠，再向外是沙海，沙漠里点缀着寥若晨星的绿洲。

在浩瀚的沙漠里，也有人间天堂——绿洲。绿洲是地下水出露或溪流灌注的地方。这里渠道纵横，流水淙淙，林木苍郁，景色旖旎，从高空鸟瞰，犹如沙海中的绿色岛屿。绿洲是沙漠地区人们经济活动的中心。绿洲的外围是棕榈林，林间空地是开垦的农田。田间种植各种农作物，最普遍的是枣椰树。枣椰树的果实椰枣甜美多汁，被用来做主食，树干用来搭房架，叶柄用来当柴火，叶子用来扎篱笆和盖茅房，叶子纤维用来制扫帚、篮子和水囊，树皮用来做绳索和骑垫。

棕榈林的深处隐藏着村镇。这里的民房是土木结构，墙壁厚实，顶上用黄土垒平，屋里冬暖夏凉，既能防炎热，又能防沙暴。10月是撒哈拉的黄金季节，是沙漠商队起程的好时光。撒哈拉沙漠的民间贸易全靠商队来沟通。一支商队大约由10多个人和100多峰骆驼组成。他们的目的地是绿洲。当他们来到绿洲后，宿营在绿洲的外面，当地穿红着绿的妇女和姑娘们，就背着椰枣和商队的小米进行易货交易。在沙漠里，盐几乎同黄金一样昂贵，商队把质量好的盐棒带回家乡出售，价格可以比原价高出十几倍，所以盐也是商队交换的一种主要商品。商队的到来，增添了绿洲集市的贸易气氛。

撒哈拉沙漠风沙盛行，沙暴频繁，尤其春季，是沙暴的高发季节。沙暴来临时，狂风怒吼，飞沙走石，霎时间天昏地暗，黄沙吞噬了大漠中的一切，交通被迫中断。几小时后，沙暴平息，街巷、广场、房舍，到处都是一层厚厚的沙尘。树林前缘，常堆起沙堆或沙丘。可是天气特别晴朗，令人有"风过沙山分外明"的感觉。沙漠中的一切景物，好像比平时更为清晰。沙漠中的风暴，把碎石、沙子和尘土吹走，留下岩石裸露的地表，这里便成为岩漠。岩漠又称石漠，岩漠中常常见到各种造型独特的地貌形态。

大漠中的风力强劲，其威力之大往往出乎人们的意料。风能把岩石表面已经风化破裂的碎石和沙粒吹扬带走，扩大岩石中的裂纹、裂隙，加快风化的速度。同时，风挟带的碎石、沙子在岩石的上部和岩块之间的裂缝、沟槽中对岩壁进行磨蚀，使岩块逐渐被磨削而变细变形。磨蚀还能随着风力的大小，风向的转换，像能工巧匠一样，不断地变换它的雕琢手法，使岩石的各种造型更加精奇多姿、瑰丽壮观。风雕的造型千姿百态、惟妙惟肖。

地面上堆积的沙粒被风刮走，留下了石块、石子，这里便成为砾漠，也就是人们常说的戈壁。戈壁滩上的砾石，白天受炽热的阳光不停地照射，连砾石裂缝间含有的一点水分也无法保存。但被水分溶解的一些铁锰之类的矿物质，却凝聚在砾石表面上，形成一层乌黑发亮的硬壳，使戈壁滩上一片漆黑，人们通常称其为

"沙漠岩漆"。地表砾石经风沙的长期磨蚀，表面便形成与风向相同的磨光面，磨光面之间有一个明显的棱脊，这种砾石叫"风棱石"。由于风棱石的磨光面与常年风向一致，所以是戈壁滩上可靠的风向标。

当地沉积的大量沙土，被风吹刮，细的尘土被吹走，沙子留下来，再加上风沙中挟带的沙子带到这里来沉积，这样就使地面上的沙子越积越多，从而形成沙海——一望无际的沙漠。

巨人之路——北爱尔兰玄武岩石柱林

在英国北爱尔兰安特里姆平原边缘，沿着海岸在玄武岩悬崖的山脚下，由4万多根巨柱组成的贾恩茨考斯韦角从大海中伸出来。这4万多根大小均匀的玄武岩石柱聚集成一条绵延数千米的堤道，被视为世界自然奇迹。这里就是巨人之路。

巨人之路又被称为巨人堤或巨人岬，这个名字起源于爱尔兰的民间传说。一种说法是由爱尔兰巨人芬·麦库尔建造的。他把岩柱一个又一个地移到海底，那样他就能走到苏格兰去与其对手芬·盖尔交战。当麦库尔完工时，他决定休息一会儿。而同时，他的对手芬·盖尔穿越爱尔兰来估量一下他的对手，却被睡着的巨人那巨大的身躯吓坏了。尤其是在麦库尔的妻子告诉他，这事实上是巨人的孩子之后，盖尔在考虑这小孩的父亲该是怎样的庞然大物时，也为自己的生命担心。他匆忙地撤回苏格兰，并毁坏了其身后的堤道。现在堤道的所有残余都位于安特里姆海岸上。

另外一种说法是爱尔兰国王军的指挥官巨人芬·麦库尔力大无穷，一次在同苏格兰巨人的打斗中，他随手拾起一块石块，掷向逃跑的对手。石块落在大海里，就成了今日的巨人岛。后来他爱上了住在内赫布里底群岛的巨人姑娘，为了接她到这里来，才建造了这么一条堤道。

巨人之路海岸

从空中俯瞰，巨人之路这条赭褐色的石柱堤道在蔚蓝色大海的衬托下，格外醒目，惹人遐思。但是是什么样的自然伟力造就了这一举世闻名的奇观呢？真像人们传说的一样，巨人之路是人为建造的吗？

现代地质学家的研究解开了"巨人之路"之谜。数千万年以前，雏形期的大西洋开始持续地分裂和扩张。大西洋中脊就是分裂和扩张的中心，也即是分离的板块边界。上地幔岩浆从中脊的裂谷中上涌，覆盖着大片地域，熔岩层层相叠。现今爱尔兰和苏格兰两岛的熔岩高原就是当时大规模的熔岩流形成的。熔岩冷却后形成玄武岩，岩浆凝固过程要发生收缩，而且收缩力非常平均，以致裂开时形成规整的六棱柱体，这种过程有点像泥潭底部厚厚的一层泥在阳光下曝晒干裂时的情景。贾恩茨考斯韦角的玄武岩石柱自形成以来的千万年间，受大冰期冰川的侵蚀及大西洋海浪的冲刷，逐渐被塑造出这一奇特的地貌。每根玄武岩石柱其实是由若干块六棱状石块叠合在一起组成的。波浪沿着石块间的断层线把暴露的部分逐渐侵蚀掉，把松动的搬运走，最终，玄武岩石堤的阶梯状效果就形成了。

巨人之路海岸包括低潮区、峭壁，以及通向峭壁顶端的道路和一块平地。峭壁平均高度为100米。火山熔岩在不同时期分五六次溢出，因此形成峭壁的多层次结构。

巨人之路是这条海岸线上最具有玄武岩特色的地方。大量的玄武岩柱石排列在一起，形成壮观的玄武岩石柱林，气势磅礴。石柱不断受海浪的冲蚀，在不同高度处被截断，导致巨人之路呈现高低参差的台阶状外貌。

组成巨人之路的石柱的典型宽度约为0.45米，延续约6000米长。有的石柱高出海面6米以上，最高者可达12米左右。也有的石柱隐没于水下或与海面一般高。类似的柱状玄武石地貌景观，在世界其他地方也有分布，如苏格兰内赫布里底群岛的斯塔法岛、冰岛南部、我国南京市六合区的柱子山等，但都不如巨人之路表现得那么完整和壮观。巨人之路是这种独特现象的完美的表现。这些石柱构成一条有台阶的石道，宽处又像密密的石林。巨人之路和巨人之路海岸，不仅是峻峭的自然景观，也为地球科学的研究提供了宝贵的资料。

世界建筑奇迹

世界之墙——中国万里长城

城墙作为古代的一种防御性建筑,起源很早,可以追溯到原始的蒙昧时代。我国比较成型的城墙在商代初期就出现了,从那时起,历代都有修建,但我国古代最著名的城墙,当首推万里长城。

万里长城位于我国北部,形成的年限较长。早在战国时期,北方各诸侯国为了自卫和抵抗北方匈奴的侵略,就分别建造过长城,但比较分散。公元前221年秦始皇统一中国后,派大将蒙恬率领30万军队,把原来秦国、赵国和燕国在北部边界修建的城墙连接起来,并进一步扩建,形成了最早的长城,即秦长城。秦长城西起甘肃临洮,东到辽东,全长3000多千米。秦以后,汉朝统治者又加以扩建,向西延至玉门关,向东一直延至吉林。但是,秦、汉这两段长城由于年久失修,如今只剩下一些残迹了。我们现在看到的长城,实际上是明代修建的。

明朝修长城是从明太祖洪武元年(1368年)开始的,在270余年间,大规模的修筑就有18次之多。这条长城西起甘肃嘉峪关,东至河北山海关,全长5660多千米,合11300多华里,故称为"万里长城"。

长城远景

为了便于分段防守,明长城还将长城分属九个镇,即:辽东、蓟、宣府、大同、山西、延绥、宁夏、固原和甘肃。为了加强防御,局部地区修筑了内外数层长城,如居庸关一段,因距离京城北京最近,修了三道长城,一道是嘉峪关到山海关,一道是山西偏关起经雁门关、平型关到居庸关北口,一道是从固关、娘子关经华北、山西省界,过倒马关、紫荆关而到居庸关南。

长城10000多里的路段上,经过

很多的地区，地理情况十分复杂，有黄土高原、沙漠地带、崇山峻岭、河流溪谷及海滨，因此，长城的修建也因地制宜，就地取材。秦汉长城，在黄土高原一带用土版筑或用未烧的砖坯筑，玉门关一带用沙砾与红柳或芦苇，层层压叠起来，山岩溪谷用木石建筑。明代时，长城的形制趋于稳定，制砖技术也达到了一定的水平，于是长城均以砖墙、条石、块石以及版筑砌成。城墙截面多数呈梯形，上小下大，高度一般在3～8米，厚度视材料不同酌情而定。如居庸关一段，高度8.5米左右，底部厚6.5米，顶部厚5.7米，宇墙高1米，城墙上能容5马并骑，10人同行。

长城的主体建筑主要有四种，即城墙、敌台、关口和峰燧。城墙是主体，主要是砖、石砌成。敌台建于城墙之上，每隔30～100米建一座。敌台有实心和空心两种，形式就像碉楼，实心敌台只能在顶部瞭望射击。而空心敌台底部可以住人，上部可用于战斗，敌台的间距常控制在火器、弓箭的有效射程之内，平时可方便联系，战时可互相策应，有较强的战斗功能。敌台的建筑模式是拱券结构。

关口是一种军事孔道，常设在军事要冲或山势险峻地带。建筑方式也用拱券结构，只是跨度较大。为了加强纵深防卫，在关口四周通常设置营堡、烽燧，有的加建数道短城墙，如举世闻名的山海关、居庸关、嘉峪关、雁门关、娘子关就是。其中筑在两山夹峙中的雁门关是通往山西腹地的要关，四周不仅布置要镇、前哨，还增建大石墙3道，小石墙25道。

长城近景

关口外或长城外的制高点山冈上，还有一种与敌台、城墙相呼应的建筑：烽燧，这是一种用于传递军事情报的墩台式建筑，结构形式与城墙相仿。两座烽燧之间的距离常控制在3华里内，台上备有不少干柴，遇有敌情突发时，白天焚烟，夜则举火，层层传递，一直传到总烽燧墩台（又称总台）。总台再派人报战斗指挥部，因此总台的位置十分重要。为了防范敌兵偷袭侵扰，总台四周还筑以高1.7米，长2.6米的矮墙。烽燧与敌台不同，一般只用顶部的雉堞和瞭望室，因此当烽燧的墩台全部做成实心时，士兵就利用绳梯上下。墩台中间有孔道井时，士兵就从孔道井中上下。这种用烟火传递军事情报的方法是中国古代士兵们的独特创造。

长城修建于几百年到2000年之前，当时的条件非常恶劣，交通也极不方便，修筑长城的施工方法也很落后，但民工们还是发挥了聪明才智，采用了不少科学的方法，如运送石料上山时所采用的斜面、滚木、杠杆等方法，至今仍常被人们运用。2007年7月，世界"新七大奇迹"评选结果在葡萄牙首都里斯本揭晓，中国的万里长城雄居新七大奇迹之首。

文明之谜——巴比伦的空中花园

一提到巴比伦文明，人们津津乐道、浮想联翩的首先是"空中花园"，它又称悬苑，是古代的世界七大奇迹之一。

关于空中花园的修建，有一个美丽动人的传说。新巴比伦国王尼布甲尼撒二世（公元前605～前562年在位）娶了米底的公主米迪丝为王后。公主美丽可人，深得国王的宠爱。可是时间一长，公主愁容渐生。尼布甲尼撒不知何故。公主说："我的家乡山峦叠翠，花草丛生。而这里是一望无际的巴比伦平原，连个小山丘都找不到，我多么渴望能再见到我们家乡的山岭和盘山小道啊！"原来公主得了思乡病。

于是，尼布甲尼撒二世令工匠按照米底山区的景色，在他的宫殿里，建造了层层叠叠的阶梯形花园，上面栽满了奇花异草，并在园中开辟了幽静的山间小道，小道旁是潺潺流水。工匠们还在花园中央修建了一座城楼，矗立在空中。空中花园是采用立体造园手法，将花园放在四层平台之上，由沥青及砖块建成，平台由25米高的柱子支撑。园中种植各种花草树木，远看犹如花园悬在半空中。

巧夺天工的园林景色终于博得公主的欢心。由于花园比宫墙还要高，给人感觉像是整个御花园悬挂在空中，因此被称为"空中花园"。当年到巴比伦城朝拜、经商或旅游的人们老远就可以看到空中城楼上的金色屋顶在阳光下熠熠生辉。所以，到公元2世纪，希腊学者在品评世界各地著名建筑和雕塑品时，把"空中花园"列为"世界七大奇观"之一。从此以后，空中花园更是闻名遐迩。

空中花园最令人称奇的地方是那个供水系统，因为巴比伦雨水不多，而空中花园远离幼发拉底河，所以空中花园应有高超的灌溉系统，奴隶不停地推动连系着齿轮的把手，把地下水运到最高一层的储水池，再经人工河流返回地面。另一个难题，是在保养方面，因为一般的建筑物，要长年抵受河水的侵蚀而不塌下是不可能的，由于美索不达米亚平原没有太多石块，因此空中花园所用的砖块与众不同，它们被加入了芦苇、沥青及瓦，更有文献指出石块被加入了一层铅，以防止河水渗入地基。

令人遗憾的是，空中花园和巴比

伦文明其他的著名建筑一样，早已湮没在滚滚黄沙之中。我们要了解空中花园，只能通过后世的历史记载和近代的考古发掘。

空中花园想象图

不过也有些记载，虽然提到了空中花园，但认为传说中的空中花园并不是由尼布甲尼撒二世建造的，而是一位叙利亚国王为取悦他的一个爱妃而特意修筑的。有些记载甚至认为传说中的空中花园实际上指的是亚述国王辛那赫里布在其都城尼尼微修筑的皇家园林。

直到19世纪末，德国考古学家发掘出巴比伦城的遗址。他们在发掘南宫苑时，在东北角挖掘出一个不寻常的、半地下的、近似长方形的建筑物，面积约1260平方米。这个建筑物由两排小屋组成，每个小屋平均只有6.6平方米。两排小屋由一走廊分开，对称布局，周围被高而宽厚的围墙所环绕。西边那排的一间小屋中发现了一口开了3个水槽的水井，1个是正方形的，2个是椭圆形的。根据考古学家的分析，这些小屋可能是原来的水房，那些水槽则是用来安装压水机的。因此，考古学家认为这个地方很可能就是传说中的空中花园的遗址。当年巴比伦人用土铺垫在这些小屋坚固的拱顶上，层层加高，栽种花木。至于灌溉用水是依靠地下小屋中的压水机源源不断供应的。考古学家经过考证证明，那时的压水机使用的原理和我们现在使用的链泵基本一致。它把几个水桶系在一个链带上与放在墙上的一个轮子相连，轮子转动一周，水桶就跟着转动，完成提水和倒水的整个过程，水再通过水槽流到花园中进行灌溉。这种压水机现在仍在两河流域广泛使用。而且，考古学家也的确在遗址里发现了大量种植花木痕迹。

然而，到目前为止，在所发现的巴比伦楔形文字的泥版文书，还没有找到确切的文献记载。因此，考古学家的解释是否正确仍需进一步研究。总之，传说中的空中花园，它的真实面目依旧隐身于历史的迷雾之中。

美轮美奂——印度泰姬陵

泰姬陵是莫卧尔王朝最杰出的建筑物，它倒映在庭院中央水池中的形象，高雅清丽、纯净和谐，充满了幻想般的神奇风貌，号称"印度的珍珠"，是印度最完美的穆斯林珍宝。

泰姬陵是世界上最动人心魄的奇观之一。当初，为了建造这座陵墓，曾动用了22000名男女，每天工作24

小时，一共耗用了23年之久。它的兴建还有着一段缠绵悱恻的动人故事。

泰姬陵远景

泰姬陵是沙贾汗为了纪念自己的爱妻——于生产第14个皇子时不幸去世的孟泰兹·玛哈尔而建造的。它印证了一个男子对一个女人的深情厚爱，是举世无双的爱情象征。沙贾汗是印度莫卧尔王朝的第五位皇帝，在位期间为1628～1658年。据说他是蒙古征服者帖木儿和成吉思汗的后代。他既是有名的艺术资助者，亦是伟大的建筑师。在他统治期间，莫卧尔帝国在政治及文化上皆处于巅峰。15岁时，沙贾汗还是霍拉姆王子，爱上了首相的女儿贝格姆。她那时芳龄14岁，美丽聪颖，而且出身名门，与沙贾汗看来十分匹配。然而，沙贾汗必须按照传统，实行政治联姻，娶一个波斯公主为妻。不过，伊斯兰教法律规定男人可以娶4个妻子，因此，在1612年星象大吉之时，沙贾汗终于迎娶了贝格姆。其后，经过长达5年的订婚期，他们才举行婚礼，而在这5年期间两人不可见面。婚后，贝格姆改名为玛哈尔（意为"王宫钦选的人"）。

玛哈尔和沙贾汗皇帝婚后一起生活了19年，两人情投意合，极是恩爱。1631年，沙贾汗率军前往南方戡乱，他美丽的玛哈尔皇后虽已怀孕，还是像往常一样陪伴他。可是途中出了不幸的事。他们在布罕普扎营时，她因难产而死。临终时沙贾汗问爱妻有什么遗愿，她除了要求他好好抚养14个孩子、终身不再娶外，还要他建造一座举世无双、堪与她的容貌相媲美的陵墓。沙贾汗满口应允，这就是泰姬陵的由来。

沙贾汗回到京城后，选定朱穆纳河畔一块地方来建造爱妻的陵墓，这里，他从皇宫的窗口就可以望见，这样，他就能一直陪伴着妻子了。沙贾汗在国内广招能工巧匠，而且还从伊朗、土耳其和阿拉伯一些国家请来名匠高手参与设计和施工。据说陵墓主要的设计师是来自土耳其的乌斯塔德·伊萨·阿凡提。他先设计了好几个图样，并一一按比例用木头做成模型，然后由皇帝选定。

沙贾汗本来还计划用黑色大理石为自己建造一座和泰姬陵一模一样的陵寝，但这理想未能实现。1658年他的儿子篡位，他成了俘虏，被监禁在自己的宫中。他在这个镀金的牢笼里被囚禁了8年，每天只能隔着朱穆纳河凝望爱妻的墓。卫士们发现，他在74岁死去时，两眼仍然睁着，像在凝望泰姬陵上闪烁的光芒。

泰姬陵没有通常墓穴所具有的那种阴森威严、令人胆寒的气氛，而是清新明快、恬静雅致。这正反映了沙贾汗的意愿：他要爱妻继续享受人间的安乐富贵，不必孤苦地在天国淡泊苦修。

泰姬陵矗立在印度新德里东南的阿格拉平原上。它继承了左右对称、整体和谐的莫卧尔建筑传统，在建筑艺术上达到了登峰造极的地步。全部陵区是一个长方形围院，长576米，宽293米，由前而后，又分为一个较小的横长方形花园和一个很大的方形花园，都取中轴对称的布局。整个陵园占地17万平方米。

步入正门，是一个长161米、宽123米的庭院，里面绿草菲菲，嘉木垂荫，使人顿时忘了门外的黄土尘沙和炎炎烈日，从而进入了一个幽远宁静、令人心旷神怡的佳境。

往前，迎来了第二道大门，人们在第二道大门前就可以从拱形门洞里看到远处正前方的陵墓。它那纯净明丽的线条和雍容华贵的气势，会使你一下子受到某种难以言喻的震惊，令你凝视良久，不忍他顾。从第二道大门到陵墓，是一条用红石铺成的甬道，两边是人行道，中间有一个狭长的十字形喷泉水池，水池两旁整齐地栽种着深绿色的柏树，泰姬陵倒映水中，闪闪发光。蕾状圆顶高耸入云，与拱门及四座尖塔相互辉映。

整个陵墓是用洁白的大理石砌成的。陵墓修建在一座7米高、95米长的正方形大理石基座平台上。基座正中是陵体本身，每边长56.7米，有四座高耸的大门，门框上用黑色大理石镶嵌了半部《古兰经》经文。寝宫居中，总高74米，上面是一个硕大的、状似大半个球形的高耸饱满的穹顶，直径18米。穹顶顶部隆起一个尖顶，直指空阔的蓝天。下部为八角形陵壁。陵墓四周有四座40米高的圆形尖塔，为防止倾倒后压坏陵体，塔身均稍外倾。这四个圆形尖塔立在基座平台的四角，仿佛是陵墓的卫士，永远恭顺而尽职地守卫在墓旁。

整个陵墓的设计，体现了伊斯兰教"天圆地方"的概念。基座是方的，陵墓下部也是方的，给人一种博大、端正和肃穆的感觉。高耸的长方形大门，居高临下，雄视四方，体现了恢弘的气势。大门的上部是圆弧形的门楣，它使四四方方的下部产生了柔和的外感。经过它们的过渡，陵墓上方的穹顶，好似一个圆球悄然升起一大半，给人一种圆润和谐的美感。穹顶四周的四个小圆顶同大圆顶交相辉映，具有一种匀称的美。有了它们，尽管主顶高耸，也不给人突兀的单调感。基座四周的四座细瘦的尖塔，既突出了陵墓稳居正中的地位，又加强了整个陵墓巍巍上云霄、一览众物小的帝王气派。整个陵墓是一个和谐、完美的整体，而其上上下下浑然一体的白色大理石的银辉，更使它显得高雅纯洁，富有女性的柔美。

走近陵墓，可以看到陵体的大理石上镶嵌着许多宝石美玉，并且组成了美丽的图案，晶莹夺目，仿佛是美女的首饰。陵堂用磨光纯白大理石建造，表面主要运用金、银和彩色大理石或宝石镶嵌进行装饰，窗棂是大理石透雕，精美华丽至极。装饰的题材多是植物或几何图案，重要部位如各面正中的大龛周围浮雕阿拉伯文伊斯兰箴言。

陵墓环境极为单纯，宁静而优美，碧水绿草蓝天，衬托着白玉无瑕的大理石陵堂，圣洁静穆。陵墓左右隔水池各有一座红砂石建造的小礼拜殿，起对比点缀作用。陵堂是运用多样统一造型规律的典范：大穹隆和大龛是它的构图统率中心；大小不同的穹顶、尖拱龛，形象相近或相同；横向台基把诸多体量联系起来，且建筑内外全为白色，这些都造成了强烈的完整感。而在诸元素的大小、虚实、方向和比例方面又有着恰当的对比，使建筑本身统一而不流于单调，妩媚明丽，有着神话般的魅力。

泰姬陵有所创新的地方在于：过去的陵墓一般都是建在四分式庭院的中央部位，而泰姬陵则建在四分式庭院的里侧一角，背靠朱穆纳河，陵墓前视野开阔，没有任何遮拦。陵墓两边是同样形状的赤砂岩建筑，面向陵墓而立。每座建筑部有3个白色大理石穹顶，两侧是清真寺，东侧为迎宾馆，呈几何状对称外形，陵墓被恰到好处地烘托出来。

陵墓内的镶嵌装饰，更是精美绝伦。陵内中央有个八角形小室，安放着沙贾汗及其爱妃的衣冠冢，四周围着镶宝石的大理石屏风。墓内柔和的光线透过格子窗及大理石屏风上精雕细琢的金银细丝花纹，把周围华丽的宝石镶嵌工艺映照出动人的光彩。

在短短二十几年内完成如此宏伟的建筑，令人叹为观止。沙贾汗的成功，有赖于帝国丰富的资源，包括20000名劳工负责建筑，还有1000多头大象用来运送来自320千米之外采石场的大理石，甚至有俄国的孔雀石、巴格达的光玉髓及波斯和我国西藏的绿松石等，由高级手工艺师加工而成。可以说，泰姬陵这座历史悠久的建筑，是石匠、木匠、书法家、镶嵌工艺师以及其他手工艺者智慧的结晶。

泰姬陵主殿

在泰姬陵陵园第二道南门门额，镌刻着"请心地纯洁的人进入这座天国的花园"铭文。的确，纯白的陵堂，配以大片碧绿如茵的草地，加上周围几座作为陪衬的红砂石建筑，给人的感受确实是简洁明净、清新典雅，难怪泰姬陵获得了"大理石之梦"、"白色大理石交响乐"的美誉。在阳光的映照下，泰姬陵更加夺目耀眼。尤其在破晓或黄昏，泰姬陵透出万紫千红的光芒，再添一抹金色，色彩时浓时淡；在晨曦中，泰姬陵犹如飘浮彩云间。据说，月圆之夜是泰姬陵最美的时刻，那时，一切雕饰都隐没了，只留下了沐浴在月色之下的整体的朦胧。

印度诗人尼札米说这座宫殿"掩映在空气和谐一致的面纱里"，它的穹顶"闪闪发亮像面镜子：里面是太阳外面是月亮"，它一天之中呈现三种颜色：拂晓是蓝色，中午是白色，黄昏则是天空一样的黄色。这样的建筑简直可以说是一种完美的存在。总之，陵园的构思和布局是一个完美无比的整体，它充分体现了伊斯兰建筑艺术的庄严肃穆、气势宏伟。因为关于这个建筑的美丽爱情故事，又有人把它称为象征永恒爱情的建筑。在2007年评定的"世界新七大奇迹"中，它占有一席之地。

地穴藏谜——基萨金字塔群

吉萨是埃及吉萨省的首府，素来以金字塔著称。位于埃及尼罗河下游西岸的吉萨大金字塔群是世界公认的七大奇迹之一，就处于吉萨城南约10千米处的利比亚沙漠中。那里有著名的吉萨金字塔群、狮身人面像和大理石陵庙等古迹。其中最大的建筑物就是胡夫大金字塔，高146.6米，基底边长230米，现在高度大概已蚀落为137米。还有另外两个比较大的金字塔哈夫拉金字塔和孟卡夫拉金字塔。这三个金字塔是埃及全国大约80座金字塔中最雄壮的历史建筑，据估计修建于埃及的第四王朝。

吉萨金字塔群远景

因为修建金字塔的年代久远，所以很多金字塔在时光中或是遭人为破坏，或是早遭自然损坏，到目前为止，开罗附近的尼罗河两岸，尚存的金字塔只剩下70余座。

埃及的金字塔一直被认为是古埃及法老的陵墓。那时候的古埃及法老，一方面为了显示自己至高无上的权力和地位，另一方面也为了满足自己永久统治埃及的野心，就在活着的时候为自己建造陵墓。

据考证，在古埃及第三王朝之前的很长一段时期，无论是王公大臣还是平民百姓，在死后都会被葬入一种用泥砖组成的长方形坟墓中，古代埃及人称它为"马斯塔巴"。后来在埃及出现了一个聪明的年轻人叫伊姆荷太普。他独树一帜,在给古埃及法老左塞王设计陵墓的时候,采取了一种新的建筑方式。首先他不再使用泥砖作为建材,而使用山上采下来的石块打磨成方形来代替,其次他把陵墓的规模扩大了,而不再是一种小型的长方形坟墓。不仅如此,他还不断的改进设计方案,最终建成一个57米高的六级梯形金字塔。这就是人们现在看到的第三王朝法老左塞王的金字塔。

经过这次的改造,金字塔的魅力打动了后来的法老。他们不仅要求有更好的金字塔的造型,也不断扩大自己陵墓的规模。建造金字塔的风气不断扩大成风,在第四王朝的时候达到了顶峰。那时候的法老骄横跋扈,不计代价地修建自己的陵墓,也正是在这样的情况才出现了今天所见到的吉萨三座最大的金字塔。后来的第五王朝,由于人民对这种奴役的不断反抗而使统治者让步,所以修建金字塔的规模缩小了很多。再到后来的第六王朝,由于国家的分裂,金字塔的建筑也就衰落了下来。

金字塔的结构十分奇特,基座都为正方形,四面大致呈4个相等的三角形,远望如同汉字的"金字",所以汉语译作"金字塔"。考察金字塔的专家们普遍认为,金字塔的建造与古埃及人信奉太阳神有很大的关系。在古埃及时期,太阳神被奉为埃及的国神,统治自己的法老们就被认为是"太阳神之子"。金字塔有关铭文里有记载:"天空把自己的光芒伸向你,以便你可以凌空升天。"这句话表明法老们希望在死之后可以回到太阳神那里。

埃及第四王朝法老胡夫的金字塔是所有金字塔中最大的,大约建于公元前2500年。第二大金字塔以及狮身人面像则是在后来的法老卡夫拉统治时期建造的。后来卡夫拉的儿子及后一任法老又下令建造了第三座金字塔以及那些小金字塔。

金字塔的东墙外都建有一个专门用作丧葬之用的神殿,有一条小路从这里倾斜而下,一直延伸到位于尼罗河边的一个神殿门前。这是死去法老的最后一段旅途的。吉萨的古建筑群是一个连贯的整体,这里的一切都是为了神化那些死去的法老或达官贵族以及死亡本身。这个古建筑群的部分遗迹现在还在不断地发现之中。

自人们发现金字塔以来,普遍流传着大金字塔中有宝藏的说法。但是因为当时找不到金字塔的入口,所以在以前没有一个人能进入到金字塔里面。据记载,公元820年的埃及人哈里发阿尔玛蒙是最早进入大金字塔的人。那时候也找不到入口,于是阿尔玛蒙命人利用爆破来打开一条进入大金字塔的通道。在对爆破处进行挖掘的时候,他偶然找到了金字塔原有的进入通道,也就对金字塔的内部构造有了一些认识。遗憾的是,在金字塔内除了看到一口空空的棺材之外，一件像样的财宝也没有发现。

1682年，英国人约翰·格里普斯对大金字塔进行了一次重要的测量，并计算了堆垒起来的石块的总重量。1765年，英国人纳萨涅尔·戴维逊注意到在王室说话时回声有异样，结果他发现王室的上面还有空间。这就是现在称之为"减重室"的结构。不久，意大利人卡维格里亚在塔身内开通了竖井，随后，英国军官哈瓦德·怀斯对大金字塔内部做了进一步调查。1839年，在"减重室"发现了有关胡夫法老的古文字资料。1880年，被称为"考古学之父"的英国人弗林达斯·匹特里对大金字塔进行了测量，所测得的数据与今天人们掌握的数值非常近似。1986年，法国建筑学家提出大金字塔内还有未知空间，引起了一场大轰动。无论在哪个时代，大金字塔之谜都强烈地吸引着人们。

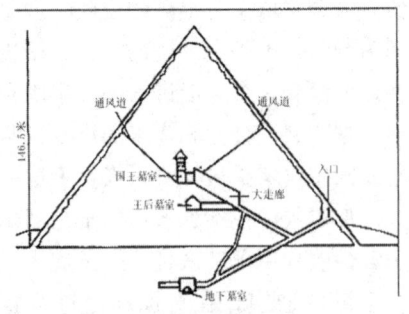

金字塔内部结构图

站在胡夫大金字塔北侧的正面，从顶部往下看，可看到观光客的出入口，那就是阿尔玛蒙打开的隧道入口。走进阿尔玛蒙打开的隧道，不久便可来到原有的通道。再往前行，是一条爬坡向上的通道，那里有3块重约5吨的花岗岩挡住去路。当年，阿尔玛蒙一行来到这里无法通过，只好另开通道迂回前进。上升通道通向一条大长廊，大长廊两侧等间隔地开着用途不明的洞。大长廊一直可通到"休息室"，那里有个落石装置，把它拉开，便是王室。王室上方则有被称作"减重室"的五层房屋。塔内另有一条与上升通道同样坡度的"下降通道"。它在倾斜下降大约97米之后，变为水平方向，并到达地下室。这是个尚未完工的房间，位于地下30米处，大约在金字塔顶端的正下方。

金字塔之谜

据研究，胡夫金字塔共用了约220万块巨石。每块石头都有一人多高，约2.5吨重。人们一直存在种种疑问：这些石块是怎样开采、运送的，又是怎样堆砌的呢？要知道，即使在今天，拥有世界上所有现代化技术手段的建筑师也很难完成如此艰巨的工作。尤其令人疑惑不解的是，在附近数百千米范围内竟然难以找到类似的石头。

不久以前，科学家约瑟·大卫杜维斯提出了他惊人的见解：金字塔上的巨石是人造的。大卫杜维斯借助显微镜和化学分析的方法，认真研究了巨石的构造。他根据化验结果得出这样的结论：金字塔上的石头是用石灰和贝壳经人工浇筑混凝而成的，其方法类似今天浇筑混凝土。由于这种混合物凝固硬结得十分好，所以人们难以分辨出它和天然石头的差别。此外，大卫杜维斯还提出一个颇具说服力的佐证：在石头中他发现了一缕约2.5厘米长的人发，唯一可能的解释是，工人在操作时不慎将这缕头发掉进了混凝土中，保存至今。一些科学家认为，鉴于现代考古研究已证实人类早在数千年前就知道如何制作混凝土，所以大卫杜维斯的论断颇为可信。

另外，对许多人来说，建造金字塔的目的是显而易见的。有关教科书和参考书上也写道：金字塔是埃及法老之墓。是的，通常的说法就是这样，可是，如果进一步究其根据，回答不外乎以下两点：距今大约2500年以前，希腊历史学家希罗多德根据当时埃及人的说法，写下了"金字塔是王墓"这样的话语；在吉萨大金字塔等建筑物中，有被认为是石棺的石箱。然而，希罗多德写下的话只是传言，而且在金字塔的那些石箱中，也从未发现过一具木乃伊。因此，细究起来，说金字塔是墓的根据不太有力，相反，否定金字塔是墓的材料却有很多。有人认为墓既然是埋葬尸体的场所，不可能不在地下；在所谓的石棺里，不要说完整的木乃伊，就连绷带和木乃伊的碎片也没有，这是让人无法理解的；在纸莎草纸和碑文等记载中，没有能说明金字塔是墓的文字，这也是极大的疑点。总之，否定的意见非常有力。金字塔是王墓的说法在这些否定的意见面前显得软弱无力。那么，它究竟是什么呢？虽然有学者认为，金字塔只是起到埋葬设施的作用，不是墓。但是研究古埃及的考古学家却一直不能准确回答这个问题。近年来，一些学者一直在寻找金字塔时代各王的真墓，认为一切都要从那里开始。

斜而不倒——意大利的比萨斜塔

举世闻名的比萨斜塔是世界著名的建筑奇观和旅游胜地。它巍然耸立在意大利的比萨城，它历经千年多灾多难的风雨洗礼，演绎了无数的沧桑故事。比萨斜塔是比萨教堂建筑群中的钟塔，在比萨大教堂的东南侧位置，是建筑群中最著名的建筑。在大教堂的同一轴线上还矗立着圆形的洗礼堂。这三座形体各异的建筑均为白色大理石建造，空券廊装饰，风格统一和谐，构成了一个建筑整体。在周围碧绿的草地映衬下，既没有宗教神秘气氛，也没有威严震慑力量，亲切生动，优雅秀丽，是这一时期欧洲建筑中的杰作。

公元11世纪时，比萨是海上强国。为了纪念1062年打败阿拉伯人，当时的君王决定兴建一个包括有主教堂、钟塔和洗礼堂在内的宏大建筑群，而比萨斜塔就是其中的钟楼。原本在整个中世纪时代，意大利人的习惯是把教堂、钟塔和洗礼堂建成独立的建筑物。

比萨斜塔

比萨塔在建造之初，塔体还是笔直向上的。但当第三层完工后，也就是塔身建到10.6米时，建造者突然觉察到建筑物的垂直度在偏移。于是，工匠们赶紧进行补救。在随后的工程里，他们在塔身的南侧垒砌较高的石块，而在北侧用稍矮的石块，想以此来矫正。但这样只是使塔身变得弯曲，并没有改变它的倾斜。到后来，地基下松软的土层由于受到塔重的挤压开始渗出水来，工程无法再继续下去了，只好停止，这一停就是100多年。

13世纪，世人又将目光集中到这被废弃多时的工程上。当时著名的建筑师托马斯·皮萨诺对比萨塔进行了精心的测定后，认为现有的斜度并不影响整个塔身的建造，完全可以继续进行。于是，比萨塔开始了它的二期工程。这回，为了防止塔身再度倾斜，工程师们采取了一系列的补救措施，如采用不同长度的横梁和增加塔身倾斜相反方向的重量等来转移塔的重心。可比萨塔建到了第七层时，塔顶中心点已经偏离塔体中心垂直线2米左右，建筑人员不敢再冒险继续了。一直等到1350年，有关人员决定给这个七层的塔身，加一层钟楼封顶，以使工程正式竣工。然而正是这层钟楼给整个建筑物带来了致命的打击。因为如果没有这层钟楼的重量，比萨塔有可能永远稳定在原来1.5度的倾斜角上，而不是现在的5.5度。

到了1838年，比萨斜塔由于持续的倾斜，底层支柱雕饰华丽的根部已经隐入地下。一个名叫克拉德斯卡的建筑师为了让埋入土中的柱子重见天日，竟愚蠢地挖动基座边的土。结果发生了更大的不幸：短短几天内，塔身又向前倾斜了0.75度，塔顶向南倾斜了0.6米。比萨斜塔更加倾斜了。

为了保护好这座纪念碑一样的斜塔，使它免遭坍塌的厄运，从19世纪开始，人们就对其采取了各种措施。20世纪30年代，有关部门在塔基周围施行灌浆法加以保护。工程师们在地基上钻了好几百个洞眼，灌注了80多吨水泥浆，但这并未能解决问题，反而使塔身进一步倾斜。在1965年和1973年，意大利政府曾先后两次出高价向各界征求合理的建设性意见。并从1973年起禁止人们在以斜塔为中心，半径1.5千米的范围内抽水。

为了避免斜塔进一步加大倾斜，从1992年开始意大利暂时关闭了比萨斜塔，开展了挽救工程。科学家们运用了120多种仪器来监测比萨斜塔的每一细微反应，工作人员使用直径20厘米的标准螺旋在塔的地基上挖掘钻孔，精心测量挖出的土方。按照科学家们得出的结论，认为地下水位的季节性涨落是使倾斜永远存在的动因。工程师们推测，一旦塔身得以加固，在地下安置一个巨大的横断层，以控制地下水的流动，就会防止塔身再度移动。但比萨斜塔重修工程充满了挑战性，也引起许多争议，因为任何一项干预性措施都是冒险性的，谁也不能保证万无一失，而且也没法应付所有的自然力量。地震和恶劣的天气会给塔基带来灾难性的影响。有一年冬天，因为气温急剧下降，仅在1天之内比萨斜塔就向南倾斜了1毫米多。1980年的一次大地震又使斜塔遭受到了强大的冲击，整个塔身大幅度摇晃达22分钟之久，虽然没倒，却真是岌岌可危。

但挖土拯救实验的早期成果是令人满意的，4个月的挖土工作使塔身校正了3.3厘米。工程的最终目标是减少10%的倾斜度，也就是相当于0.5度。科学家认为，如果能够取得预期的结果，就有可能将塔调整回它3个世纪前的状态，这就为后人争取到了更多的时间以采用更先进的科技，使斜塔不致倒下。

比萨斜塔及旁边雕塑

经过专家们及社会各界的共同努力，挽救工程已基本完成。2001年，比萨斜塔又向全世界人们开放了。人们又可以欣赏这建筑史上的奇迹了。

比萨斜塔平面为圆形，直径16米，外径约为15.4米，内径约为7.3米。塔身一共有8层，通体用白色大理石砌成，塔体总重量达1.42万吨。塔高54.5米，从下至上，共有213个由圆柱构成的拱形券门。塔身墙壁底部厚约4米，顶部厚约2米。比萨斜塔的最下层是实墙，底层有圆柱15根，刻绘着精美的浮雕。中间6层每层分别有31根圆柱，用连续券做面罩式装饰；最上一层的圆柱为12根，向内收缩，作为结束。沿着塔内螺旋状的楼梯盘旋而上，走过294级台阶，经过令人眼花缭乱的拱形门，就可至塔顶，人们可以在塔中任何一层的围廊上停留。由比萨斜塔向外眺望，比萨城秀丽明媚的风光尽收眼底。只见蓝天白云下，城中一片鲜红的屋顶,在绿树掩映中显得格外明快美丽。比萨大教堂的大钟也置于斜塔顶层。斜塔里面一共放置了7座大钟。最大的钟是1655年铸成,重达3.5吨。

斜塔造型轻盈秀巧,布局严谨合理,各部分比例协调,是罗马风格建筑的典范。它如同一件精美的艺术品,立面呈现着丰富的明暗变化,富有韵律感,是意大利独一无二的圆塔。

比萨斜塔的倾斜问题一直是建筑史上的焦点。比萨大学的专家们从每年对斜塔的测量中获知,塔的倾斜率在逐年加大,如果不全力以赴地予以抢救,这座世界闻名的历史古迹很可能毁于一旦。

但幸运的是,该塔一直巍然屹立,这种"斜而不倒"的现象,堪称世界建筑史上的奇迹,使比萨斜塔名声大噪,吸引了世界各地的游客。每年都会有近80万的游客来到塔下,对它"斜而不倒"的塔身忧虑、焦急,同时为自己能亲眼目睹这一由缺陷造成的奇迹而庆幸万分。

比萨斜塔名闻天下,还有一个历史原因,是和伟大的天文学家、物理学家伽利略的实验有关。那是在1590年,伽利略在比萨斜塔上,做了一个著名的自由落体实验。伽利略在认真研究了亚里士多德的"物体落下的速度和它的质量成正比"的观点产生了质疑。于是,他就带领自己的学生,登上了比萨斜塔的顶层,让手中两个质量不等的铁球同时从塔顶垂直自由落下,结果两个球同时着地。这一实验,轰动了全世界,一举推翻了禁锢人们2000多年的亚里士多德的"不同质量的物体,落地的速度也不同"的定律,引起了物理学界的一场革命。从此,比萨斜塔闻名全球,成为比萨城的象征。

比萨斜塔可以说是歪打正着,因失误而名扬天下,成为建筑史上的奇迹,留给后人一道美丽的景观。

思想符号——克里姆林宫及红场

"克里姆林"在俄语里的意思是"城堡"。在俄罗斯所有的城堡之中,克里姆林宫是最具代表性的。它位于莫斯科的城市中心,莫斯科河北岸的丘陵上。

克里姆林宫

克里姆林宫在1156年时还只是一个橡木城堡,后来逐渐发展成莫斯科城。大约13世纪,蒙古人占领了俄罗斯,后来莫斯科大公伊凡三世推翻了蒙古的统治,把克里姆林宫变成皇家宫殿。伊凡三世聘请了众多意大利建筑名师扩建克里姆林宫，还在东北侧城墙外修建了红场。

莫斯科曾在拿破仑大军侵略下成为一座废墟，战后统治者迅速恢复克里姆林宫的旧有规模，另外还在红场上增建了很多色彩绚丽的教堂。现在的克里姆林宫由一道全长2235米，厚6米，部分高度约20米的砖红色围墙包围，内部面积达28万平方米。除了4座城门、19座塔楼外，里面还有许多壮观的建筑，包括教堂、皇宫及办公大楼等，规模十分庞大。

克里姆林宫因为受宗教的影响，教堂及宫殿建筑出现了拜占庭风格的金色圆顶。另外，参与扩建的建筑师因多为意大利名匠，所以在原来的中古俄罗斯传统建筑上又融合了意大利文艺复兴样式，使克里姆林宫成为独特的俄罗斯式建筑。

意大利名建筑师及俄国工匠从15世纪末开始修建克里姆林宫的城墙，在拆除一小部分旧墙，就立刻建起新墙，这是为了不出现漏洞，这项工程共花了10年时间。在之后的200年里，克里姆林宫内又陆续建造了19座高大的尖塔，1625年在原来较低的塔楼的基础上改建而成的斯巴斯基塔是其中最高的、造型最美的塔。这些塔有的为颂扬圣人而建，有的则是为纪念统治者，其中还有5座兼具城门功能。

克里姆林宫中心有一座古老的教堂广场，那里建有圣母升天大教堂、

克里姆林宫内的教堂

天使大教堂、金色圆顶教堂和圣母领报教堂。各个教堂内部都有精细的镶嵌、壁饰和黄金框架的圣像书，灿烂夺目。白色的石头教堂是建于1480年的圣母升天教堂，历代大公和沙皇在这里举行加冕礼。教堂的山字形拱门和金色圆塔具有俄罗斯东北部教堂建筑风格。

克里姆林宫中的最高建筑物是伊凡大帝钟楼，高81米，用白石筑成，建于1505～1608年间。同时它又是一座望塔，可俯瞰周围32平方千米的地方。钟楼原为3层，1600年时增至5层，冠以金顶。从第三层往上逐渐变小，外观呈八面棱体层叠状，每一棱面都有拱形窗，窗口有自鸣钟。楼内悬挂着十几个大小古钟。每当钟声齐鸣时，很远都能听到。

钟楼旁是著名的"钟王"。它重202吨，高6.14米，直径6.6米。比北京大钟寺的"永乐大钟"重4.5倍。这口钟花了2年时间，于1735年铸成，可是由于大火，钟体下部掉下一块。也有人认为是俄罗斯人对合

金比例和金属强度的知识不够完善，使大钟在第一次敲击时碎裂。无论原因是什么，单单是这块碎片就重11.5吨。这口钟上还铸有沙皇阿列克谢和皇后安娜的雕像以及各种神像等。

钟王附近就是炮王——"沙皇伽农炮"，炮王已有400多年的历史，炮重40吨，炮口直径0.92米，可以容纳一个成年人钻过。炮前堆着4发球形炮弹，每个重2吨。炮架上有精美的浮雕，还刻有沙皇费多尔的浮雕像。由于太重太大，炮王从未发射过一发炮弹。

位于克里姆林宫东北侧城墙外的红场，长约700米，宽30米，总面积约9万平方米。"红场"在俄语中的意思是"美丽的广场"。红场并不是红色的，但是在沙皇统治时期，曾是执行极刑的地点，因此烙下血迹斑斑的历史痕迹，现在是莫斯科市民的集会场所。环绕着红场周边有许多俄罗斯重要的历史古迹，其中以圣瓦西里升天大教堂最引人目光。圣瓦西里升天大教堂建于1555年，是为纪念喀山公国和阿斯特拉罕合并于俄罗斯而建造。教堂结构独具一格，由9座教堂巧妙地结合在一起，中间高高隆起的1座较大，周围8座略小，且层次分明，错落相连。九座教堂均为圆顶，最高的顶尖高为47米。

希腊之宝——希腊雅典卫城

希腊的首都雅典是一座充满古迹的城市，市区遍布古希腊时期、罗马时期和中世纪的建筑和遗迹，其中最著名的无疑是雅典卫城。

雅典卫城远景

"雅典"这个词源于胜利女神雅典娜，相传古时候女神雅典娜和海神波赛冬都想做这个城市的保护神，于是两人争吵不休，到最后他们由市民来决定谁来做这个城市的保护神，市民选择了聪明而美丽的雅典娜。古代的雅典是一个充满智慧和知识的土地，出过很多著名的思想家和哲学家，例如苏格拉底、柏拉图，这些人都对西方文明的发展起着重大的影响。

雅典卫城是现在整个雅典市的中心，四周是城墙包围，卫城东西长320米，南北宽156米。它坐落在老城中心的一座高156米的小山丘上，因此也称为"高城"。雅典卫城的建设最早是在麦基尼时代，是当时一位国王的城堡,在公元前480年的时候被波斯人烧毁。后来得到重建后,建筑本身的功能发生了性质上的变化,一下子国王的城堡变成了宗教建筑,这一变化主要表现在雅典卫城内相继建造了万神庙、山门、胜利女神庙以及黑德克神庙等。今天雅典卫城又发生了变化,不再是关于宗教的建筑,而是作为一个古代文物博物馆向游人开放。

卫城由阿提卡的平原延伸至陡峭的悬崖上,三面被悬崖包围。人们只可由西面步行上去,在该处有一较低的山脊连接至阿雷奥帕古斯山。其由蓝灰色的石灰石建成,因此其十分坚硬但却可被水分渗透。其表面由片岩、砂岩与石灰泥组成,较石灰石软但可防水渗透。此种建法已为喷水井提供了良好的环境,而且在山脚有遮蔽的洞穴,这样便有了水源,所以人们通常环绕着其居住。

雅典卫城南面的小山上有多个由多根希腊柱构筑而成的建筑物,这就是山门。古希腊人要上山朝拜雅典娜,就要经过这里。山门的建设在公元前437~前432年之间,当时的模样已经不见,现在的山门就只剩几十根大理石石柱,但它仍散发着纯洁、肃穆和庄严的气息,使游人在它面前肃然起敬。建造于公元前432~前421年的雅典娜胜利女神庙就处在山门的左侧。这是座小巧的神殿,为供奉胜利女神而建,近些年一直在维修。

山门内的高台上是著名的古希腊文明象征帕特侬神庙,其前身是公元前6世纪前半期的百柱殿,在公元前529~前520年被称为古神殿,在公元前490年以后则称为巴特农第一神殿,经过不断的修建和变迁最终发展成现在的雅典娜帕特侬神庙。在实际需要中,人们为了研究研究雅典娜帕特侬神庙的建筑方式以及它确切的建造年代,把它整个庙宇的建筑都进行了分解,但是目前已经进行了还原重建。

帕特侬神庙西面

著名的黑德克神庙在雅典娜神庙的右侧,它建造于公元前421~前406年期间,并且建造在雅典娜神庙的旧址上。它算得上是雅典卫城最年轻的建筑,但是也有的人说它是这些建筑中最美的。这个神庙主要由三部分组成,它们分别是:西侧是黑德克王的墓室;北侧是由六根爱奥尼式柱支撑的一个大厅,柱子细长秀美,是希腊风时期的代表作;神庙南侧是一个小厅,支撑它的柱子不是一般的柱式,而是六个美丽的"少女",她们各个端庄秀丽,虽顶着重重的屋顶,但表情动态依然轻松自如。现在室外的为复制品,原作存于卫城博物馆内。

酒神剧场

古希腊时期有两个著名的大剧场,它们就是酒神剧场和露天大剧院。它们就处于雅典南面的围墙脚下。大约公元前6世纪,一尊酒神的塑像被带到了雅典,于是古希腊人开始供奉这位狂饮与欢乐之神。他们在约公元前330年建成了造酒神庙及酒神剧场,剧场内最初容纳17000人,是雅典城中最大的剧场。剧场分为后台、舞台和观众席三部分,整个平面呈半圆形。今天人们仍可看到半圆形的舞台和上面由大理石拼成的几何图案及石椅和看台。

古希腊时期剧场是重要的社会交际场所,每逢有话剧上演,无论是贵族还是平民都可前来观看,而上演的剧目大都是悲剧。有人说这是因为希腊人崇尚哲学,而当时人们认为悲剧中蕴含更多的人生哲理。于是酒神剧场就和希腊悲剧结下了不解之缘。

高尚地标——巴黎埃菲尔铁塔

举世闻名的埃菲尔铁塔是世界上第一座钢铁结构的高塔,它以昂扬挺拔的气势、空前的高度和全然不同于欧洲传统石头建筑的新颖形象横空出世,代表着建筑新美学的兴起,是世界建筑史上的一个创举。100多年来,它已经成为法国的骄傲。

1884年,法国政府为了纪念法国大革命100周年庆典和迎接世界博览会在巴黎的举行,决定在巴黎市中心修建一座建筑物作为永久性纪念。经过反复评选,法国著名建筑设计工程师艾菲尔的300米高的镂空铁塔方案胜出。这座铁塔耗资约780万法郎,折合100多万美元,历时18个月建成。

埃菲尔铁塔

埃菲尔铁塔的修建在当时曾引起了轩然大波，各种反对、指责之声甚嚣尘上，不绝于耳。有人说它过于高高在上，像是凌驾于整个巴黎的牧人；有人说它外形粗鄙尖锐，像是刺向蓝天的利剑；还有人干脆直呼它是空心蜡烛台。不少贵族名流包括莫泊桑、小仲马等联名发表请愿书，反对这个"怪物"，称它是"俗不可耐的可憎的阴影"。对此，艾菲尔据理力争地说："难道因为我是一个工程师，就不关心美观了？我设计的四条符合计算数据的弧形支脚，一定会做到刚劲有力，美观大方，给人留下深刻印象。"政府也顶住了重重压力，进行耐心细致的解释和说服工作，工程才得以进行。

第一次世界大战之后的几年里，法国政府还曾考虑推倒铁塔，拆除铁架，把钢铁材料运到遭受战争破坏的地区兴建工厂。不过由于种种原因，这一决定没有付诸实践。

1个多世纪以来，埃菲尔铁塔经过种种风雨的考验，人们最终接受了它，喜欢上了它。1964年，埃菲尔铁塔被法国政府列为不得拆毁的历史遗迹。今天，它的独特风姿成为巴黎最动人的一道风景，吸引着来自世界各地络绎不绝的游客。现在每年几百万的游客给法国带来了大笔收入，几乎成了一株铁的"摇钱树"。

其实，埃菲尔铁塔的出现并不是偶然的，它是西方现代工业化发展的必然产物。从18世纪起，欧洲的一些工业比较发达的国家就萌发着把新材料用于建筑的思潮。到了19世纪，用铁作为建筑材料已经相当普遍。特别是商业博览会的兴起，往往成为使用新建筑材料和打造新建筑形态的试验地，为建筑的创造性发展提供了良机，也促成了建筑审美观点的转变。埃菲尔铁塔的拔地而起在世界建筑史上具有里程碑的意义。它屹立在巴黎市中心的塞纳河畔。它最初建成时的高度为300米，相当于100层楼高。它打破了保持几千年的埃及金字塔的世界最高建筑物纪录，直到1930年才被纽约的克莱斯勒大厦超过。1959年装上电视天线后达到了320多米。

埃菲尔铁塔占地面积约为10000平方米，造型奇特，底部宽大，跨度达2790平方米，整体呈一个巨大的A型。拱形门高40多米，铁塔底部是4个用钢筋水泥灌注的塔墩，用来支撑整个塔身，这也是以后出现的钢筋混凝土结构的先驱。其余塔身全部是由钢铁构成，它们向上延伸，在距离地面276米处突然急剧收拢，直指苍穹。铁塔由1.8万个精密度达到1/10毫米的部件组成，用250万个铆钉连接起来，工艺复杂精细，堪称是建筑史上的一项杰作。

铁塔一共分为3层，各层之间有一道铁梯互通，每层都有一个平台，在上面可以远眺巴黎美景。第一层高57米，有用钢筋混凝土修建的4座大拱门，第二层高为115米，第三层则是174米。除了第三层平台没有缝隙外，其他部分全是透空的。从塔座到塔顶共有1711级阶梯，有电梯上下运送游人，十分方便。埃菲尔铁塔原来使用的是老式水力升降梯，一到冬天，水遇冷结冰，就不能使用了，现在安装的是新式双层电梯，每小时可以把1800人送上塔顶。当然顶层是观赏整个巴黎都会风情的最佳地点，这里设有多台望远镜，还配有幻灯片的说明介绍。每逢天气晴朗，这里可以看到方圆70千米之内的景色。站在高高的塔顶，巴黎美丽动人的景致尽收眼底，令人心旷神怡。

埃菲尔铁塔在建成以后，不但具有观赏性，而且因其高度，具有非常大的实用性。它是法国广播电台的中心，也是气象台和电视台的发射塔。它的内部设有饭店、酒吧间，还有杂货铺以及热闹的商业大楼。1953年以来它就被用于发射电视节目。塔内具有照明设备，静谧的晚上，埃菲尔铁塔灯火通明，塔前装有的喷水池经彩灯照射，喷出七彩斑斓的水柱，景色十分秀丽。

1980年，埃菲尔铁塔进行了一次自建成以来最大规模的改造，更加有利于以后的使用和观赏。改造后的铁塔将第二层每平方米重量达到400千克的混凝土平台改建成为厚度仅仅为8毫米，每平方米重量为95千克的钢板，清除了1340吨的重量，大大减轻了铁塔原来9700吨的总负重。二层又开设了一个大众啤酒馆，将豪华饭店从二层迁移至三层。而且又特意建造了一个以铁塔的设计师命名的接待厅，这里可以组织学术会议和招待会，大大拓展了铁塔的功能。此外，为契合时代发展又开辟了一个现代化的视听博物馆，人们可以"有声有色"地观赏有关铁塔历史及建筑特色的影片与节目。

夜幕下的埃菲尔铁塔

埃菲尔铁塔的高空艺术造型在当时是史无前例的，施工时遇到了一系列高空作业带来的困难险阻。但艾菲尔高明、精准、严密、周到的工程设计避免了许多问题。组装部件时，钻孔都能准确地合上，不用修配或另外钻新孔，减少了许多麻烦。在2年的工程施工中，从未发生任何伤亡事故，这在建筑史上也是很了不起的。

埃菲尔铁塔挺立在静静流淌的塞纳河旁，与壮观威武的凯旋门、宽阔的香榭丽舍大道遥遥相望，如同一具蓄势待发、马上就要冲上蓝天的火箭。它巨大的基座稳稳地植于大地，高昂挺拔的尖顶直指云霄，气势巍峨宏伟而又轻盈跃动，蕴涵着一种明快的节奏感，既深具古典的美感，又流动着现代的气息。远远望去，它是那样轻捷、矫健，又是那样辉煌、壮观，其建筑艺术令世人瞩目称颂。有人这样评价它："埃菲尔铁塔不单是一座吸引人观光的纪念碑，也绝不止是一架把人送上高空的机器。它是铁器文明的象征，而铁器这种原料充分体现了人类对物质的控制力量。"

帝皇之城——紫禁城及天安门广场

北京紫禁城是我国最大的、也是保存得最完好的古代建筑群，同时是世界上建筑面积最大的皇宫。

紫禁城全景

紫禁城始建于明永乐四年（公元1406年），1420年基本竣工。为建造这一浩大的工程，据说永乐帝朱棣曾征集了10多万工匠、百万民工和不计其数的军工。紫禁城建成后，明、清两代的24个皇帝都先后住在这里，共达490年之久。

紫禁城位于北京城的正中心，它的前面有社稷坛（今中山公园）、太庙（今劳动人民文化宫）、天安门，后面有景山（今景山公园），左有皇史宬（保存皇室史料的地方），右有西苑（今北海公园和中南海）。整个紫禁城，南北长961米，东西宽753米，占地75万平方米，建筑面积达15万平方米。紫禁城四周筑有10多米高的城墙，还有宽达52米的护城河。城墙的四个角上，各筑有一座被人们称为"9梁8柱72条脊"的美丽角楼。整个建筑群布局严整统一，形体精美壮丽。

民间传说紫禁城建筑群总共有房屋9999间半，为什么有半间呢？据说明成祖朱棣建造紫禁城时本来想建10000间，但有一天他梦见被玉皇大帝召见，责其建房10000间，与天宫相同，有凌驾于天庭之上的嫌疑，罪不可恕。朱棣醒来后召来刘伯温讨教，刘伯温就建议他建9999间半，以逊于天庭，又不失皇家气派与天子至尊。另一说法是，紫禁城房屋数量是受了中国传统哲学思想的影响。我国古代以九为大，而10000为极数，含顶点之意，建房10000，似有"满招损"之嫌。故成祖减去半间房，以防招致灾祸，含有"谦受益"的意思。

紫禁城布局十分严谨，整个建筑

群由前后两大部分组成。前部称为"外朝",以三大殿——太和殿、中和殿和保和殿为中心。以文华殿,武英殿为两翼。后面的部分称为"内廷",由乾清宫、坤宁宫和东西六宫组成。这是根据中国古代"前朝后寝"的礼制而设计布置的。

整个紫禁城的布局思想和建筑艺术手法,都是为了突出封建帝王至高无上的地位和渲染皇宫非凡威严的气势。

紫禁城天安门位于北京市中心,南北长880米,东西宽500米,面积达44万平方米,可容纳100万人举行盛大集会,是当今世界上最大的城市广场。天安门城楼坐落在广场的北端。天安门建于明永乐十五年(1417年),原名承天门,清顺治八年(1651年)改建后称天安门。城门五阙,重楼九楹,通高33.7米。在2000余平方米雕刻精美的汉白玉须弥基座上,是高10余米的红白墩台,墩台上是金碧辉煌的天安门城楼。城楼下是碧波粼粼的金水河,河上有5座雕琢精美的汉白玉金水桥。城楼前两对雄健的石狮和挺秀的华表巧妙地相配合,使天安门成为一座完美的建筑艺术杰作。

紫禁城的正门是午门。一般游客都喜欢从天安门进去,穿过端门、午门而入紫禁城。进入午门,前面就是太和门。午门和太和门之间形成一个扁方形的院落,有5座内金水桥(天安门前面的河叫外金水河,在午门内太和门前的弓形人工河道,叫内金水河,跨越河上的5座并列的石桥,是内金水桥),这是进入太和门前的一个过渡。

一进太和门,顿时豁然开朗,眼前是一个边长达200多米的方形广场,广场的北部中央就是紫禁城中最壮丽巍峨的太和殿。

太和殿,又称"金銮殿",是紫禁城中最大最重要的建筑。它高26.92米,宽63.96米,进深37.17米,占地面积达2377平方米。太和殿面阔11间,是正殿中间数最大的,它的屋顶也使用了等级最高的重檐庑殿顶,这都是为了表示至高至尊的地位。殿内中央有一个2米高的平台,上面安放一张金漆雕龙的檀香木宝座。谁登上这个宝座,就是"受命于天",就是当了万人之上的皇帝。所以,太和殿最重要的用途,就是让每一位新皇帝在这里举行登基大典。宝座的前面有御案,后面有围屏,两旁有金碧辉煌的蟠龙金柱。正对着宝座的殿顶上,有金龙藻井、彩绘梁枋。殿前的露台,上有铜龟、铜鹤等。明清两朝,每逢新皇帝登基即位、皇帝过生日、册立皇后、庆祝元旦、冬至等大典,都在这里举行。

过了太和殿,中和殿和保和殿紧随其后,这三大殿都坐落在一个高8.13米的三层汉白玉台基上。中和殿是一座正方形的尖顶宫殿,是皇帝

太和殿

参加大典前休息、准备的地方。保和殿为重檐歇山式屋顶,是皇帝大典前更衣的地方。清朝乾隆以后,也是皇帝设宴和举行殿试的地方。三大殿的汉白玉台基上有 1414 块栏板,1460 个望柱,还有 1138 个龙头,这些龙头其实都是排水口。每逢下雨,台座上的积水就通过栏板、望柱下的小洞,从龙头的口中吐出。

出保和殿再往北,就是"内廷"。内廷是皇帝起居生活的地方。内廷的第一座宫殿是乾清宫,这是皇帝的寝宫。后来,皇帝也在这里处理日常政务。

乾清宫后是交泰殿。这里明朝时曾做过皇后的寝宫,清朝成为放置宝玺的地方。现在此殿藏有乾隆皇帝精选的宝玺 25 方。交泰殿后是坤宁宫。这儿原先也是皇后的寝宫,清朝时改为祭神和举行皇帝大婚典礼的地方。

内廷的这三座宫殿两边,是东六宫和西六宫,这是嫔妃们居住的地方,俗称"三宫六院"。西六宫之南的养心殿,就是慈禧太后"垂帘听政"的地方。

从坤宁宫再往北,就到了御花园。园中以钦安殿为中心,有大小建筑 20 多座,其间点缀着奇石古树,有皇家苑囿的气派。出御花园往北,就是紫禁城的北门神武门。出了神武门,对面就是景山了。

紫禁城建筑群是在一条由南到北的中轴线上展开的,它所体现的虚实相济、变化无穷的建筑空间序列,常使中外建筑家们倾倒。从天安门入端门,到午门,一个门洞套着一个门洞,层层推进,这种笔直幽深的空间变化造成一种神秘而严肃的气氛。一过午门,顿觉开朗,再过太和门,空间更加开阔。这突然出现的占地 2.5 公顷的宽阔空间,给正面耸立在汉白玉台基上的太和殿,增添了一种宏大壮丽而又肃穆森然的气势,让人从精神上感到一种震惊和威慑。从天安门到太和殿,地平标高逐渐上升,建筑物形体越来越大,庭院面积逐渐开阔,这些逐步展开的空间变化,如同乐曲中的渐强音,充分烘托了太和殿这个辉煌的高潮。

紫禁城的取暖和排水系统也十分巧妙。为了冬天取暖,明朝起就在各寝宫砌起地下火道,只要在殿外台基处大洞火道口烧木炭,热量就可送到各宫。排水系统也很周密,每组宫殿都有支沟通入宫墙外的干沟,这些干沟又分别同太和门外的内金水河及总沟相连,最后再汇入紫禁城外的护城河。此外，为了改进音响效果，宫内的戏楼下都埋设大缸。这些技术在当时都是非常先进的。

紫禁城是中国古代劳动人民血汗和智慧的结晶，如今，它已成为故宫博物院，供人们参观、游览。青少年朋友可以从它身上领略到中华民族悠久的历史和灿烂的文化。

高原宫殿——西藏布达拉宫

布达拉宫，这座世界高原地带最伟大的建筑物，坐落在拉萨市西北海拔3700米的红山上。它由白宫、红宫、山脚的雪（藏语意下面）和龙王潭4部分组成，东西长400余米，南北宽350余米，共占地41公顷，叠加累计总高117.19米。四周围着石城，辟门三，周围达5里；依山而建，共13层（外观13层，实为9层），层层相接，红白相映，遥望巍峨耸峙，庄严雄伟，气象万千。

布达拉宫

布达拉宫始建于公元7世纪，是藏王松赞干布为远嫁西藏的唐朝文成公主而建。它由白宫、红宫及其附属建筑组成，集古城堡、灵殿和藏传佛教寺庙为一体，又是历代达赖喇嘛居住的宫殿式建筑。自公元7世纪以来，它一直起着西藏佛都及传统行政管理中心的作用。

15世纪，来自青海的高僧宗喀巴在西藏实行宗教改革，创立格鲁派，又称黄教。以后格鲁派势力渐强，不但在宗教上，在政治上也逐渐在西藏占据了优势。5世达赖到14世达赖，都把布达拉宫作为行使权力的中心，公元7世纪以来，共有9位藏王和10位达赖在这里居住过。1690年，为了安放5世达赖喇嘛的灵塔，开始修建红宫。1693年4月，主体建筑竣工。以后，布达拉宫又不断进行增修和扩建，形成了今天的规模。

布达拉宫是一座匠心独韵的传统藏式建筑，宫墙厚3～5米，占地面积约13万平方米，用石头和三合土砌成，坚固无比。宫墙外表向上倾斜，更显得雄伟壮观。正中的宫殿呈褐红色，称为红宫，为历世达赖喇嘛的灵堂和习经堂所在地。两侧的宫殿呈白色，称为白宫，是达赖喇嘛处理政务和生活起居之所。

红宫在布达拉宫的中央，由8座灵塔殿和一些佛堂、经堂组成。各堂都有十几或几十个大殿，各殿以走廊和楼梯相连。佛堂供奉着佛祖和已逝的各世达赖的描金塑像，佛座上悬着色彩鲜艳的飘带，堂内香火不断，青烟缭绕，千百盏装满酥油的金灯日夜不熄。每座灵塔殿内部有一座灵塔，分别存放着5世达赖到13世达赖的尸骸（6世达赖没有建灵塔）。8座灵塔中，5世达赖的灵塔最大，上下贯通3层大殿，形如北京北海的白塔，高14.85米，底座面积达36平方米，从上到下包金，共用黄金3700多斤，塔上的各种图案花纹都是用钻石、珍珠、珊瑚、玛瑙镶嵌而成的。13世达赖喇嘛的灵塔最精致华美，灵塔高14米，塔身为银质，外面包着金皮，上面镶满各种宝石和珍珠。塔前还有一座0.5米高的珍珠塔，是用金线将20万颗珍珠、4万多块宝石串成的。其他灵塔也都包金镶玉，灿烂夺目。灵塔内放着各世达赖喇嘛的遗体，遗体均经过脱水及防腐处理。

白宫在布达拉宫的两边，东大殿是白宫内最大的宫殿，也是达赖喇嘛举行活佛转世继承仪式和亲政大典的地方。从清代起，规定达赖的灵童都要由清朝皇帝派大臣来主持"坐床典礼"，才能取得合法地位。东日光殿和西日光殿是达赖喇嘛的经堂，殿内有习经堂、会客室、休息室和卧室。

布达拉宫山后有个龙王潭。当年5世达赖为修建这座宫堡，工匠在附近山坡采石，久而久之挖出了一个方圆几里的大坑。布达拉宫建成后，在这里修建了一座坛，供奉龙王，称为龙王潭，现已辟为公园。

布达拉宫的每座殿堂的四壁和走廊上绘着许多壁画，色彩鲜艳，画工细致，取材多为佛教故事和历史故事。这些壁画形象地反映了西藏地区的风俗人情、历史传说、社会风貌和宗教概况，是西藏地区的历史画卷，也是中国民族艺术的珍宝。宫中还藏有大量的卷轴画、雕塑、玉器、陶瓷、金银器物等艺术品，以及经书和其他重要历史文献，具有极高的价值。可以说，古老的布达拉宫不但是举世瞩目的著名建筑，也是西藏的文化库。

布达拉宫是西藏现存最大最完整的古代宫堡建筑，也是世界上海拔最高的古代宫殿，被誉为"世界屋脊上的明珠"。

悉尼之魂——澳大利亚悉尼歌剧院

悉尼歌剧院坐落在澳大利亚的著名港口城市悉尼的贝尼朗岬角上，它依山临海、造型新颖奇特，既像洁白如玉、清雅俏丽的贝壳漂浮在海面上，又像在风浪中迎风起航、飞洒灵逸的帆船，与蓝天碧海交相辉映，巧妙和谐地融为一体。它既是艺术化的建筑，更是建筑化的艺术，被公认为20世纪最美丽的建筑物之一、建筑史上的经典之作，是澳大利亚的象征,号称"悉尼之魂"。

悉尼歌剧院远景

悉尼歌剧院占地近2万平方米,长183米,宽118米,主体建筑采用贝壳形结构,外观为3组巨大的壳片,耸立在一南北长186米、东西最宽处97米的钢筋混凝土结构的基座上。第一组壳片在地段西侧,4对壳片成串排列,3对朝北,1对朝南,内部是大音乐厅。第二组在地段东侧,与第一组大致平行。形式相同而规模略小,内部是相连的歌剧厅和话剧厅。第三组在它们的西南方,规模最小,由两对壳片组成,里面是餐厅。这些壳片是由2194块每块重15.3吨的弯曲形混凝土预制件拼成的,壳形屋顶中最高的为67米,相当于20层楼的高度。所有的壳片外表都覆盖着莹白闪烁的白色瓷砖,部分经过特殊处理,能抵御海风侵袭,共有100多万块。

整个建筑群的入口在南端,有宽97米的大台阶。桃红色花岗岩石铺面,据说是当今世界上最大的室外台阶。车辆入口和停车场就设在大台阶下面。

走进剧院,犹如进了水晶宫一般,剧场宽敞明亮、富丽堂皇。在悉尼歌剧院这座世界罕见的建筑群中,音乐厅最为壮观。演奏台建在大厅的正中,环绕演奏台,是2600多个风帆状的座位。大厅的墙壁、屋顶和座位都用特殊材料制成,以取得最佳的音响效果。后壁顶端耸立着有1万多根铜管的大型管风琴,最大的一根铜管长达9米,重340千克。据说,这是目前世界上最大的管风琴。歌剧厅有半圆形的座位1500多个,在每个座位上都能清晰地看到舞台上的演出。舞台非常宽阔,台上悬挂着澳大利亚艺术家用高级羊毛织成的大挂毯,挂毯为红色,图案用红、黄、粉红3色组成,好似道道阳光普照大地,人称"太阳之幕",在灯光的照耀下,艳丽夺目。话剧场可容纳500名观众,舞台上是一幅"月亮之幕"挂毯,长9米,宽16米,用蓝、黑、白、棕、黄5种颜色的羊毛织成,看上去恬静悦目,给人以月夜朦胧的幻觉。

悉尼歌剧院内部

休息室设在壳体开口处，由2000多块高4米、宽2.5米的玻璃镶成的玻璃墙面，令人叹为观止。凭墙眺望，美丽的悉尼海湾风光一览无遗。旁边的餐厅，名为贝尼朗餐厅，每天晚上可接纳6000余人进餐。此外还有电影厅、大型陈列厅、接待厅、5个排练厅、60多个化妆室、图书馆、展览馆、演员食堂、咖啡馆、酒吧等大小厅室900余间。他们都巧妙地被设置在底座里。这些厅室装饰华丽，布置讲究，颇具艺术色彩。悉尼歌剧院已经不仅仅是一个歌剧院，更是一个综合性的文化艺术演出中心。它的魅力，主要在于其独特的屋顶造型及其和周围环境浑然一体的整体效果，诗情画意，美不胜收。

悉尼歌剧院以其构思奇特、工程艰巨，气象壮丽而蜚声世界，而由它所引发的是非争论，也是旷日持久。正如皇家澳大利亚建筑学院院长所说："伍重先生（歌剧院设计者）的经历表明，冲破世俗，把新的梦想带进城市是极其困难的。"但随着岁月的流逝，悉尼歌剧院在时间的考验中越发展现出它超凡脱俗的动人魅力。伍重本人在85岁高龄获得了普利策奖，它是建筑学里的"诺贝尔奖"。评奖委员会评价他说，伍重先生不顾任何恶意攻击和消极批评，坚持建造了一座一改传统风格的建筑，设计了一个超越时代、超越科技发展的建筑奇迹。这也表明了建筑界对悉尼歌剧院这座巧夺天工的建筑奇葩的最终肯定。

世纪新标——2008奥运"鸟巢"国家体育场

2008"鸟巢"国家体育场是2008年北京奥运会主体育场，于2003年12月24日开工建设，2004年7月30日因设计调整而暂时停工，同年12月27日恢复施工，2008年3月完工。工程总造价22.67亿元。该建筑由2001年普利策奖获得者赫尔佐格、德梅隆与中国建筑师李兴刚等合作完成的巨型体育场设计，由艾未未担任设计顾问。形态如同孕育生命的"巢"，更像一个摇篮，寄托着人类对未来的希望。

"鸟巢"全景

"鸟巢"外形结构主要由巨大的门式钢架组成，共有24根桁架柱。设计者们对这个国家体育场没有做任何多余的处理，只是坦率地把结构暴露在外，因而自然形成了建筑的外观。国家体育场建筑顶面呈鞍形，长轴为332.3米，短轴为296.4米，最高点高度为68.5米，最低点高度为42.8米。体育场外壳采用可作为填充物的气垫膜，使屋顶达到完全防水的要求，阳光可以穿过透明的屋顶满足室内草坪的生长需要。

"鸟巢"基座与体育场的几何体合二为一，如同树根与树。行人走在平缓的格网状石板步道上，步道延续了体育场的结构肌理。步道之间的空间为体育场来宾提供了服务设施：下沉的花园，石材铺装的广场，竹林、矿质般的山地景观，以及通向基座内部的开口。从城市的地面上缓缓隆起，几乎在不易察觉中形成了体育场的基座。体育场的入口处地面略微升高，因此，可以浏览到整个奥林匹克公园建筑群的全景。

"鸟巢"内景

体育场被设计成为巨大的人群的容器，无论远眺还是近观，都给人留下与众不同的、不可磨灭的印象。体育场内部，这种均匀的碗状结构形体将能调动观众的兴奋情绪，并使运动员超水平发挥。

"鸟巢"设计中充分体现了人文关怀，碗状座席环抱着赛场的收拢结构，上下层之间错落有致，无论观众坐在哪个位置，和赛场中心点之间的视线距离都在140米左右。比赛时，看台是可以通过多种方式进行变化的，可以满足不同时期不同观众量的要求，奥运期间的20000个临时座席分布在体育场的最上端，且能保证每个人都能清楚地看到整个赛场。入口、出口及人群流动通过流线区域的合理划分和设计得到完美的解决。"鸟巢"的相关设计师们运用流体力学设计，模拟出91000个人同时观赛的自然通风状况，让所有观众都能享有同样的自然光和自然通风。"鸟巢"的观众席里，还为残障人士设置了200多个轮椅座席。这些轮椅座席比普通座席稍高，保证残障人士和普通观众有一样的视野。赛时，场内还将提供助听器并设置无线广播系统，为有听力和视力障碍的人提供个性化的服务。

许多建筑界专家都认为，"鸟巢"不仅为2008年奥运会树立一座独特的历史性标志性建筑，而且在世界建筑发展史上也将具有开创性意义，将为21世纪的中国和世界建筑发展提供历史见证。"鸟巢"于2009年入选世界10年十大建筑。

世界艺术奇迹

自由象征——美国自由女神像

美国纽约港附近的自由岛上矗立着一座著名的雕像,她手持火炬,守望着这座大都会的日日夜夜,似乎整个纽约都匍匐在她的脚下。这就是自由女神像,是美国东海岸门户的象征。

自由岛上的自由女神像

观光的游人从神像底部乘电梯直达基座顶端,然后沿着女神像内部的171级盘旋式阶梯可以登上顶部的冠冕处。冠冕处可同时容纳40人观览,四周开有25个小铁窗,每个窗口高约1米。通过窗口向外远眺,东边可见有"钢铁巴比伦"之称的高楼大厦林立的曼哈顿岛;南边的纽约湾一望无际,波光船影相映;北边的哈得逊河逶迤伸向远方。

自由女神像是自由的象征,这座雕像是1886年法国政府赠给美国的礼物。女神像高46米,连同底座总高约100米,是当时世界上最高的纪念性建筑,其全称为"自由女神铜像国家纪念碑",正式名称是"照耀世界的自由女神"。女神双唇紧闭,头戴光芒四射的霞冠,身着罗马式宽松长袍,右手高擎象征自由的12米长火炬,左手紧握一部象征美国《独立宣言》的书板,上面刻着《宣言》发表的日期"1776年7月4日"字样。脚上残留着被挣断了的锁链,象征暴政统治已被推翻。整尊雕像气宇轩昂、神态刚毅,给人以凛然不可侵犯之感。而其端庄丰盈的体态又似一位古希腊美女,使人感到亲切、自然。雕像的基座是一个大厅,1972年美国联邦政府将其辟为移民博物馆。

自由女神像的产生源于法国人民对美国人民的敬意和希望。当时法兰西学士院院士、史学家、著名的自由主义者拉布莱提议要在1876年美国独立100周年之际,赠送美国一份与众不同的礼物,以此纪念美国独立战争期间的美法同盟。法国美术协会会员、著名雕塑家巴陶第十分赞同这个提议，并且产生了极大的创作热情。但赠送什么样的礼物呢？很显然，美国的胜利是自由的胜利，所以这份礼物一定要是象征自由的礼物。于是巴陶第决定塑造一座象征民主自由的雕像，并立即着手进行图样设计。

巴陶第是才华横溢的艺术家，并且酷爱雕塑艺术，在他17岁时曾亲眼目睹了激动人心的一幕：1851年，路易·波拿巴发动了推翻法兰西第二共和国的政变。一天，一群坚定的共和党人在街头筑起了防御工事，与政变者展开了激烈的巷战。暮色苍茫时分，一位忠于共和政体的年轻姑娘，手持熊熊燃烧的火炬，跃过障碍物，高呼"前进"的口号向敌人冲去，不幸饮弹，壮烈地倒在血泊之中。当时巴陶第正好在场，这一景象使这位年轻的雕塑家心潮汹涌，久久难以平静。从此，这位高擎火炬的勇敢姑娘就成了雕塑家心中追求自由的象征。更为巧合的是，就在巴陶第怀着巨大的创作冲动进行草图设计时，他邂逅了一位叫让娜的姑娘。让娜长得端庄秀美，仪态娴雅。巴陶第心中不由得一动，如果让面前这位姑娘为自己正在设计的自由女神像做模特儿不是再好不过了吗！令年轻的雕塑家感到由衷欣慰的是，让娜竟高兴地应允了这一要求。在以后的雕塑过程中，他们之间产生了纯洁的爱情，并最终结为一对美满的伴侣。现在的女神像，其形体就是以让娜为原型创作的，而神像的面容则是以艺术家的母亲为原型塑造的。

自由女神像的草图设计于1869年完成，而造像工程在1874年才开始动工，到1884年竣工，前后历时10年。在1876年，因为雕像还没有完成，所以巴陶第把雕像中擎着火炬的一只手臂模型送到了美国。这只手臂模型仅食指长2.5米，宽1米，指甲则有25厘米厚。由于它的巨大气势，立即成为美国人人争相欣赏的艺术珍品。后来，美国国会便通过决议，确定贝德罗小岛为建立女神像的地点，这座岛就是今天的自由岛。

1884年7月6日，自由女神像正式赠送给美国。8月5日，自由女神像底座奠基工程开始，基座高约27米，由花岗石混凝土制成。基座下面是打入弗特伍德古堡中心部位6米深处的混凝土巨柱。1885年6月，整个塑像被分成200多块装箱，用拖轮从法国里昂运到了纽约。1886年10月中旬，75名工人爬上高高的脚手架，将30万只铆钉和几百个零件组合一处。28日，美国总统克利夫兰亲自主持了自由女神像的揭幕典礼并发表了讲话。成千上万的人民群众簇拥在神像基座周围，怀着激动的心情有幸目睹了自由女神像第一次露出她庄严的面容和婀娜的身姿。1916年，威尔逊总统为女神像安装了昼夜不灭的照明系统并主持了竣工仪式。1942年美国政府作出决定，将自由女神像列为美国国家级文物。1956年竖立神像的贝德罗小岛被改称为自由岛。雕塑家巴陶第也因其做出的卓越功绩被授予纽约市荣誉市民称号。

1个多世纪以来，耸立在自由岛上的自由女神像，已成为美利坚民族的象征，永远表达着美国人民争取民主、向往自由的崇高理想。

俯瞰天下——巴西基督像

足球王国巴西名城里约热内卢景色优美，有着湛蓝的大海、白色的沙滩，碧绿的棕榈，苍翠的群山。因此，那里的人们常说："上帝用6天时间创造了世界，而把他的第7天献给了里约热内卢。"确实，里约热内卢拥有着人们幻想中的天堂美景，然而，她最具特色的，还是那座人造的界标，屹立的科尔科瓦多山巅，世界上最大的耶稣基督雕像，在2007年世界新七大奇迹的评选中，它名列其中。

俯瞰基督像

在科尔科瓦多山上建造一座雕像的想法始于1850年代中期，那时一个天主教主教佩德罗·玛丽亚·博斯请求巴西帝国的伊莎贝尔公主筹措资金建造一座大型的宗教纪念物，伊莎贝尔公主对这个主意不是很在意。而当巴西在1889年成为共和国后，这个设想完全被政府否定，因为当时的法律强制规定必须政教分离。

第二次"在山上建立一个地标"的提议是里约热内卢大主教在1921年提出的。大主教组织了一个叫做"纪念像周"的活动来吸引捐款，捐款者主要是巴西的天主教徒。

当时的组织者对基督雕像的设计要求包括：代表基督教的十字架，有一座手持地球的耶稣基督像和一个象征世界的基座。经过公开征集设计方案，最后选择了"救世基督展开双臂"为设计外形。象征这位救世主将伸开他宽大的双臂来拥抱这座城市，把他的怜悯与博爱洒向世界。

这座纪念雕像由波兰籍法国纪念碑雕刻家保罗·兰多斯基设计，当地的工程师科斯卡监督建设。科斯卡和兰多斯基决定以滑石作为雕像的外层材料，因为它有柔韧性高的特点，能够抵抗恶劣的天气，可以长时间保存，即使环境温度变化也不致龟裂变形。而耶稣像的内部填充物是一种砂、糖和鲸鱼油的混合物。当时普遍用于建筑物，但其中含有盐分，因此完工前利用电解的原理，破坏盐的化学结构，确保耶稣像的安全。

当时的巴西工艺师们不善处理这些材质，因此由波兰裔法国艺术家兰多斯基将设计图带到法国去制作，他先在法国造好雕像片段。雕像的头部和双手由兰多斯基制作，其双臂和身体部分则交给了工程师和建筑师去完成。雕像在巴黎完成后，被送到了里约热内卢。为了保证雕像的细部在运输过程中不被损坏，其头部在它被吊到山顶前，一直浸泡在皂石中。

科尔科瓦多山海拔732米，如何把这座雕像运送并安放在山顶确实是一项难题。为了将打造雕像所需的大块石料运到山顶，里约热内卢还特意建造了科尔科瓦多山的上山铁路。

基督雕像基座高8米，雕像本身高30米，其中头部就长近4米，钉在受难十字架上的两手伸展宽度达28米。雕像中的耶稣基督身着长袍，双臂平举，目光深情地俯瞰山下里约热内卢市的美丽全景，表达着博爱的精神和对独立的赞许。从山下仰望，耶稣基督的身影与群山融为一体，在云雾中若隐若现，仿佛笼罩着一层神秘的色彩和圣洁的光环。

1931年10月12日在科尔科瓦多山上举行了盛大的落成典礼，巴西总统瓦加斯为塑像剪彩，这一天是巴西圣母显灵日。落成典礼的一大亮点是照明系统的启动，原本计划是由意大利发明家马可尼从他在那不勒斯的游船上，通过他发明的无线电启动开关，但是由于当天天气状况恶劣，信号强度受到影响，最终不得不改由科尔科瓦多山上的工作人员手工开启。

2006年10月12日，在塑像落成75周年庆典上，里约热内卢的枢机大主教欧瑟比欧·奥斯卡·舍伊德在塑像下为圣母显灵日做礼拜，这使得这座基督像成为朝圣圣地，从此以后天主教徒可以在塑像前接受洗礼和宣布结婚。

无论是搭小火车、开车或走路，要到山顶看耶稣像，必须先搭透明电梯，再搭乘露天电扶梯或爬楼梯，从耶稣像的背后登上山顶，就会见到向往已久的耶稣像。

这些电梯和电扶梯被称为"看不见的工程"，里约热内卢人早就习惯一抬头就看到耶稣像，电梯和电扶梯的设置必须考虑到景观，视野中不能出现多余的东西。当初做了好多次测验，确保从山下绝对看不到任何人为设施，这些电梯和电扶梯都依附原有的自然景观建造。例如做成与山势同样的坡度，利用天然绿树作遮蔽，且涂上绿油漆；电梯的透明窗户是特殊玻璃，即使阳光照射也不会反射。

巴西是一个信奉天主教的国家，全国有90%以上的人都笃信天主教。在教徒们看来，这座耶稣的巨型雕像，就是为人类献身的"救世主"的化身。圣像展开双臂似乎在迎接八方来客，并祝福人们平安康健。巨大的耶稣塑像建在这座高山的顶端，无论白天还是夜晚，从市内的大部分地区都能看到，成为巴西名城里约热内卢最著名的标志。

和谐之美——《断臂的维纳斯》雕像

《断臂的维纳斯》也称《米洛的维纳斯》、《维纳斯像》等,是由古希腊的亚历山德罗斯于约公元前150年创作的,是举世闻名的古希腊后期的雕塑杰作,高203厘米,现收藏于法国巴黎卢浮宫。从雕像被发现的第一天起,就被公认为是迄今为止希腊女性雕像中最美的一尊。这尊雕像还是卢浮宫的三大镇馆宝之一。

维纳斯是罗马神话中的爱与美的神,也是象征丰饶多产的女神。古希腊神话中称为阿佛洛狄忒。传说她在大海的泡沫中诞生,在三位时光女神和三位美惠女神的陪伴下来到奥林匹斯山,众神被其美丽容貌所吸引,纷纷向她求爱。宙斯在遭其拒绝后,遂把她嫁给了丑陋而瘸腿的火神赫斐斯塔司,但她却爱上了战神阿瑞斯,并生下小爱神厄洛斯。后曾帮助特洛伊王子帕里斯拐走斯巴达国王墨涅拉俄的妻子、全希腊最美的女人海伦,引起希腊人远征特洛伊的十年战争。

《断臂维纳斯》正是这个代表爱与美的女神维纳斯的大理石雕塑,由两块大理石拼接而成,两块大理石连接处非常巧妙,在身躯裸露部分与裹巾的相邻处。1820年米洛农民伊奥尔科斯在米洛斯岛上发现它。他试图将这尊雕像藏起来,但后来还是被一个土耳其军官发现了。当时法国驻土耳其的大使将它买下。现在这尊雕像在巴黎卢浮宫展出。

关于雕像为什么断臂有两种说法:一种是维纳斯出土时的双臂还是完整的,右臂下垂,手扶衣襟,左上臂伸过头,握着一只苹果。后来由于法国与英国争抢过程中双臂不幸被砸断,从此,维纳斯就成了一个断臂女神;另一种是维纳斯的雕像完成后,许多名人都说非常美,而最美的还是她的左臂,把所有的目光都关注在了雕像的左臂上,而作者当即敲断左臂,并说不能因为局部的美,而破坏了整体美。

《断臂维纳斯》相貌端庄秀丽,肌肤丰腴,美丽的椭圆型面庞,希腊式挺直的鼻梁,平坦的前额和丰满的下巴,平静的面容,流露出希腊雕塑艺术鼎盛时期沿袭下来的理想化传统。她那微微扭转的姿势,使半裸的身体构成了一个十分和谐而优美的

《断臂的维纳斯》

螺旋形上升体态，富有音乐的韵律感，充满了巨大的魅力。作品中女神的腿被富有表现力的衣褶所覆盖，仅露出脚趾，显得厚重稳定，更衬托出了上身的秀美。她的表情和身姿是那样的庄严崇高而端庄，像一座纪念碑；她又是那样优美，流露出最抒情的女性柔美和妩媚。人们似乎可以感到，女神的心情非常平静，没有半点的娇艳和羞怯，只有纯洁与典雅。她的嘴角上略带笑容，却含而不露，给人以矜持而富有智慧的感觉。

尤其令人惊奇的是她的双臂，虽然已经残断，但那雕刻得栩栩如生的身躯，仍然给人以浑然完美之感，以至于后世的雕刻家们在竞相制作复原双臂的复制品后，都为有一种画蛇添足感觉而叹息。正是这残缺的断臂似乎更能诱发出人们的美好想象，增强了人们的欣赏趣味。雕像没有追求纤小细腻，而是采用了简洁的艺术处理手法，体现了人体的青春、美和内心所蕴含的美德。整尊雕像无论从任何角度欣赏，都能发现某种统一而独特的美。这种美不再是希腊大部分女性雕像中所表现的"感官美"，而是一种古典主义的理想美，充满了无限的诗意，在她面前，几乎一切人体艺术作品都显得黯然失色。

整个雕像的比例也是十分耐人寻味的。它接近于利西普斯所追求的那种人体美比例，而且，雕像的各部分比例几乎都蕴含着黄金分割的美学秘密。这正是古人对于人体美的赞颂和肯定，为后世的艺术树立了不朽的典范。

镇海守岛——复活节岛摩艾石像

复活节岛是南太平洋上一个孤立的小岛，因考古学家是在1722年的复活节发现它的，故而得名，在这里有著名的摩艾石像。摩艾石像又译为复活节岛人像、摩埃石像、毛埃石像，位于复活节岛。多数为一体成形，也就是说整体是从一块大石头刻出来的，但有时候石像头上会加一块普卡奥做帽子。它们一般高4～5米，最高的可达9.8米，重约20吨，有的可达90吨。

拉诺拉拉库的摩艾石像

复活节岛以摩艾石像而驰名于世。1914年和1934年曾进行调查考察，1955年从事发掘工作，结果认为岛上存有3个文化期。早期的巨大石墙，可用以观察一年中的日出方位。中小型的各类石雕像采用黝黑的玄武岩、凝灰岩及火山渣为石料，用同位素碳测定时间约在公元前1680年。中期以石台上的长耳朵、无腿的半身石雕像为特征。

全复活岛上已知有超过六百尊摩艾石像。多数的摩艾石像产于拉诺拉拉库。当地的火山采石场似乎是突然被遗弃，留下许多未完成的石像，而当地几乎所有完成的摩艾石像到后来都被岛上原住民推翻了。多半摩艾石像只有头，也有不少石像有肩膀，手臂还有躯干。这些其他身体部分现在慢慢地被挖掘出来。摩艾石像的意义至今仍然不明，但是有不少关于这些石像成因的推论。

最常见的推论指向1000多年前住在岛上的波利尼西亚人，这些石像代表他们去世的祖先（像墓碑的作用一样），或是当时重要的人物，或是代表家族地位的象征。这些石像想必凿起来要耗费巨资，不仅是刻这些石像要花多年的工夫，而搬运到他们最后的目的地也很费劳力。目前为止还不知道这些石像当时是如何搬运的，但可以猜测出当时有用到木橇和滚轮。因为大量木材的需求，使得岛上的森林被砍伐耗尽。森林的耗尽也用来解释为什么火山采石场会突然被遗弃。

岛上早期的神话说有一位部落首领在寻找新的居住地时，最后找到复活节岛。他死后，岛就被他的儿子们分了。每个部落首领死后，总有一个摩艾石像竖立在他的坟墓。岛民们相信，这些雕像能捕获首领的"mana"（超自然的力量）。他们相信把首领的"mana"留在岛上会保佑这个岛风调雨顺。这个传说比最初的传说可能有所改变，毕竟年代久远，很多情节可能是为了让传说更"有味"而加上去的。

法老守护——"司芬克斯"石像

"司芬克斯"最初源于古埃及神话，它被描述为长有翅膀的怪，通常为雄性，是"仁慈"和"高贵"的象征。而狮身人面像是依照司芬克斯的形貌雕刻的，并不是只有埃及开罗才有。但在埃及吉萨的狮身人面像是最大的而且是最古老的。

埃及吉萨的狮身人面像，又称为"司芬克斯"，是最有代表性的古代遗迹之一，是由一整块巨型岩石雕制而成。它位于埃及开罗市西侧的吉萨区，在哈夫拉金字塔的南面，距胡夫金字塔约350米。斯芬克斯身长约73米，高21米，脸宽5米。据说这尊司芬克斯狮身人面像的头像是按照法老哈夫拉的样子雕成，作为看护哈夫拉金字塔的守护神。经过多年的风化，现在的司芬克斯狮身人面像是后人从沙土中再次挖掘出来的。它凝视前方，表情肃穆，雄伟壮观。

原来的狮身人面像头戴皇冠，额

套圣蛇浮雕，颏留长须，脖围项圈。经过几千年来风吹雨打和沙土掩埋，皇冠、项圈不见踪影，圣蛇浮雕于1818年被英籍意大利人卡菲里亚在雕像下掘出，献给了英国大不列颠博物馆。胡子脱落四分五裂，埃及博物馆存有两块，大不列颠博物馆存有一块（现已归还埃及）。像的鼻部已缺损了一大块，据说是拿破仑士兵侵略埃及时打掉的，实为讹传，它是被中世纪朝圣游客伊斯兰苏菲派教徒砸掉的。历经4000多年的狮身人面像，现已痼疾缠身，千疮百孔，颈部、胸部腐蚀得尤其厉害。1981年10月，石像左后腿塌方，形成一个2米宽、3米长的大窟窿。1988年2月，石像右肩上掉下2块巨石，其中一块重达2000千克。

关于狮身人面像的来历，至今尚有争议。现在，考古学者一般认为狮身人面像是为埃及第四王朝法老哈夫拉建造的石像。在古埃及，狮子就是力量的象征；而雕像坐西向东，蹲伏在哈夫拉的陵墓旁，狮身人面像因而可能是古埃及法老的写照。其实相传公元前2611年，哈夫拉到此巡视自己的陵墓——哈夫拉金字塔工程时，曾吩咐为自己雕琢石像。当时的工匠于是雕琢了一头狮身，而以这位法老的面像作为狮子的头。然而，根据石碑记载，大约在公元前1400年，图坦莫斯王子曾在梦中受到胡尔·乌莫·乌哈特神的托付，将它的雕像从黄沙中刨了出来。照此看来，此座雕像应该是胡尔神的神像。而另外一些传说中也提到，早在胡夫法老统治的时期，狮身人面像就已经存在了。

石像密室传闻

狮身人面像底下有密室的传说，至少从中世纪就开始流传着。两位阿拉伯人马奎兹和柯代描述狮身人面像底下有个密室，有3条通道可通到外面，每一条通道都可连到3座金字塔之一。早期欧洲的旅行家对这类传说坚信不疑，如1579年海尔菲利希曾描述一个通到狮身人面像头部的隧道，古代的祭师据说就以此取信信徒，声称狮身人面像会发出神谕。虽然考古研究并未显示在狮身人面像或其神庙底下有密室，但此雕像和埋藏的秘密知识宝库等相关话题仍在20世纪30年代由美国人凯西再度引爆。凯西声称，亚特兰提斯的"智慧典籍"就存放于和狮身人面像相连的一个地下资料厅，在20世纪出土将会引发某个大灾难。虽然科学家在1977~1978年、1992~1993年进行的电阻系数勘测显示，狮身人面像的周遭的确有一些反常现象，但之后的多次勘测，包括使用电磁勘测等手段，显示这些反常现象是自然的缝隙和坑洞。

形与山齐——乐山大佛

乐山大佛地处四川省乐山市，岷

江、青衣江、大渡河三江汇流处，雕琢在岷江、青衣江、大渡河汇流处的岩壁上，依岷江南岸凌云山栖霞峰临江峭壁凿造而成，又名凌云大佛，为弥勒佛坐像。乐山大佛是唐代摩岩造像中的艺术精品之一，是世界上最大的石刻弥勒佛坐像。佛像开凿于唐玄宗开元初年（公元713年），直至唐德宗贞元十九年（公元803年）完工，历时90年。被诗人誉为"山是一尊佛，佛是一座山"。

乐山大佛

乐山大佛头与山齐，足踏大江，双手抚膝，大佛体态匀称，神势肃穆，依山凿成，临江危坐。大佛通高71米，头高14.7米，头宽10米，发髻1021个，耳长7米，鼻长5.6米，眉长5.6米，嘴巴和眼长3.3米，颈高3米，肩宽24米，手指长8.3米，从膝盖到脚背28米，脚背宽8.5米，脚面可围坐百人以上。在大佛左右两侧沿江崖壁上，还有两尊身高10余米、手持戈戟、身着战袍的护法武士石刻，数百龛上千尊石刻造像，形成了庞大的佛教石刻艺术群。大佛左侧，沿"洞天"下去就是凌云栈道的始端，全长近500米。右侧是九曲栈道。佛像雕刻成之后，曾建有13层楼阁覆盖，时称"大佛阁"、"大像阁"，宋时称"天宁阁"。可惜毁于明末的战乱，被张献忠的起义军焚毁。可以从大佛两侧的山崖上看到几十处孔穴，那是当年建造楼阁时，安置梁柱的地方。

大佛两侧的岩石是红砂岩，乐山的红砂岩是一种质地疏松，容易风化的岩石，比花岗岩软，是很好的适宜于雕塑的材料。但佛像雕好后，容易受到侵蚀、风化，乐山大佛就是在这种岩石上雕刻而成的。乐山大佛在1000多年的漫长岁月中，仍免不了遭到各种各样的破坏，有自然的，也有人为的。各个朝代都对它进行过维修。自明、清以来的数百年间，大佛饱受自然风雨侵蚀，以致佛身千疮百孔，面目全非。1962年，政府拨专款对佛像作全面维修，1982年2月被国务院列为全国重点文物保护单位。1990年，政府拨款对大佛头部进行了比较彻底的维修。同时增加了一些配套设施及服务设施。1996年12月，峨眉山——乐山大佛被联合国教科文组织批准为"世界文化与自然遗产"，列入《世界自然与文化遗产名录》。联合国教科文组织世界遗产专家桑塞尔博士、席尔瓦教授实地考察时，赞誉"乐山大佛堪与世界其他石刻如斯芬克斯和尼罗河的帝王谷相媲美"。

史前岩画——非洲岩画

非洲岩画是史前的岩画艺术，约出现于公元前9000年，广泛分布于撒哈拉沙漠和南部非洲，东非也发现过这种岩画。

岩画中的牛

非洲岩画的创作时间根据风格、技术、石垢的色泽、所表现的动物种类、服饰及武器等差别，大体可分为4个时期：古代水牛时期（约公元前9000～前6000年），以单独动物、大动物群及绝种动物的写实图像为代表，是古代狩猎生活的反映；牧养公牛时期（约公元前3500～前1500年），大型的写实家畜图像，以风格化的大动物群图像为代表，包括大批的公牛图像，有点风格化的细线刻、程式化的大型野生动物图像；马时期（约公元前1500年～公元2世纪），包括风格化的人物图像、马拉的板车及大型马车、钟形样式的服装、风格化的公牛及其他家畜图像；骆驼时期（约始于2世纪），在线刻的骆驼图像中，以概括的几何图案居多。这一时期用简单粗糙技术刻成的小型晚期图像，混合有题记和象征性标志。

撒哈拉岩画

1932年，法国人布伦南在位于离阿尔及利亚和利比亚边界不远的撒哈拉中部阿杰尔高原初次发现岩石图像。后来，法国考古学家和学者们确认这些岩画具有极大的科学价值和艺术价值。人们评价这些岩画："作品以其丰富的想象力使人感到万分惊讶，这里有数以百计的岩画，成千上万件人物和动物图像；有的是单一的形象，而另一些则是完整的构图，有时也可看出描绘部族的生活场面，它们到现在已度过了好几个世纪。"

在漫长的岁月里，岩画层层覆盖，形成了很厚的颜色层。底下几层是用一种颜色，多半是用赭黄颜料画出来的动物侧面像。后来，岩画逐渐采用两种颜色作画，并出现了宏伟的场面和合乎透视规律的构图。大约从公元前2000年中期起，开始出现多色岩画，构图也更加复杂起来。在这一时期的题材中，一些风俗性情节，狩猎、舞蹈及休息场面极为常见。在表现休息的场面中，还能看到坐在茅舍旁的男人、女人和儿童等。

阿杰尔高原岩石图像，小到几厘米，大至6米。大多数彩色图像是用各种土色颜料绘制的，其中有褐色、红色、淡绿色和黄色，也有白色和天蓝色。图像一层一层地画在岩石上，有时一些没有关系的内容交错覆盖，多达12层。

阿杰尔高原岩画很可能与远古时期居住在阿杰尔高原的许多不同种族的部落有联系。据估计在远古至少有16种部族在这里居住过。在岩画中所表现的人物，很明显是属于不同部族，这一点可以从他们的服装、人体比例及面部特征分析出来。

阿杰尔高原岩画的艺术水平与畜牧部落的出现有着直接的联系。这一时期几乎所有的牧养公牛时期图像都是优美的艺术作品。在牧养公牛时期较晚的岩画中，出现了迈锡尼式奔驰的大型马车图像。这种岩画大约出现在公元前1650年，这可能是马在非洲最早出现时间。岩画《射手的搏战》出现在这些岩画之后，画面中两组射手为了争夺一头母牛，而正在进行激烈的搏战。继牧养公牛时期之后，在撒哈拉还有一些不同类型的岩画风格出现，甚至在有些岩画作品中能够看到与埃及艺术相似的成分，岩画《双角女神》就是如此。《双角女神》内容是一个头上有羽毛饰带，面部周围有斑点状帷帘的掌管五谷的女神和一片播撒了种子的庄稼地。

在撒哈拉南部和西部，普遍出现的是牧养公牛时期最后阶段的岩画作品，仅在毛里塔尼亚和西撒哈拉就有100多处，共2000多件岩刻。尽管数量很多，但是题材却基本相同。偶然有些地方能够遇见大象图像，这些图像还有程式化的倾向。在这一辽阔地区的岩刻中间，没有任何能够与费赞或阿杰尔高原古代水牛时期雄伟的岩画媲美的作品。

在阿海奈特（阿尔及利亚境内）和霍加尔区域的岩刻在特点、风格、技术和题材方面与撒哈拉岩刻有很多共同之处。这里没有绝种动物图像，大型野生动物岩刻也很罕见。大部分遗物属于牧养公牛时期或稍后时期。

在伊福拉斯高原已发现的岩刻所在地约有50处。这里没有高大的写实的野生动物图像，不过有时在优美的岩刻中间遇见过难以辨认的程式化的犀牛图像，还有些风格化的带有像蝴蝶翅膀一样的耳朵的大象图像，这些图像约出现在牧养公牛时期的中期。

南部非洲岩画

南部非洲岩画，是古老的土著居民，主要是布须曼人在几千年的漫长岁月中创作出来的。它们主要分布在南非、津巴布韦、赞比亚及纳米比亚（西南非洲）的山区洞窟和地穴壁上。有人以现今绝种动物为依据，认为最古老的南部非洲岩画是公元前9000年创作的，而有的人却认为，现在所发现的岩画只有几百年的历史。

幻想中的生物和披着兽皮戴着动物形象面具的舞蹈人物是布须曼人描

绘最多的图像。图像中的人物有的化装成各种野生动物,手持弓和矛的动物型猎人形象,或上身用羽毛作为装饰,或头部形似长脖子的鸵鸟。一件在南非开普省赫舍尔地区发现的描绘鸵鸟与伪装鸵鸟的布须曼猎人的岩画就是这类作品。

岩画中的羚羊

南部非洲岩刻的主要表现题材是动物,如野象、河马、犀牛、羚羊、长颈鹿、斑马等的单独形象。其中极为常见是羚羊形象,这种形象多为等大的单独形象和不到20厘米的小型形象,但有的也构成群像。这些作品其表现手法十分雷同,很可能与某种祭祀有联系。有些作品运用了准确而优美的线条,合乎透视规律。

这里的岩刻技术与撒哈拉地区的有些区别,经常在刻出或凿出的图像轮廓内刻出平行细线条或密网状小坑。在德兰士瓦省西南部还发现一种粗底子岩刻。这种岩刻的凿刻手法,是把图像的岩面凿得粗糙些,或者选择粗糙的岩面凿刻图像,而把图像周围的岩石磨光,再现了动物毛皮那种毛茸茸的外表特征。可以确定,南部非洲的写实的岩刻属于新石器时代初期,而程式化图像应比新石器时代初期稍晚一些。

神秘微笑——达·芬奇的《蒙娜丽莎》

列奥那多·达·芬奇是文艺复兴时期最著名的艺术家之一,人们一提到他,自然就会想起他的杰作《蒙娜丽莎》。画者列奥纳多·达·芬奇(1452~1519)是15世纪意大利文艺复兴时期的文化名人,是人类文明史上罕见的全才。他不仅是天才的画家、雕塑家、建筑师、诗人、哲学家和音乐家,而且是位很有成就的解剖学家、数学家、物理学家、天文学家、地理学家和工程师等等。

名画《蒙娜丽莎》是世界上最名贵的肖像画,高77厘米,宽53厘米,作于1503~1506年间。目前此画藏于巴黎卢浮宫。从1962年12月14日至1963年3月12日,先后到的华盛顿和纽约市展出,轰动了全美国,许多人专程从外地赶来一睹为快。由于参观的人太多,展览会规定每个观众只能在《蒙娜丽莎》画像面前停留3秒钟。

《蒙娜丽莎》

《蒙娜丽莎》是一幅享有盛誉的肖像画杰作。它代表达·芬奇的最高艺术成就，成功地塑造了资本主义上升时期一位城市有产阶级的妇女形象。画中人物坐姿优雅，笑容微妙，背景山水幽深茫茫，淋漓尽致地发挥了画家那奇特的烟雾状"空气透视"般的笔法。画家力图使人物的丰富内心感情和美丽的外形达到巧妙的结合，对于人像面容中眼角唇边等表露感情的关键部位，也特别着重掌握精确与含蓄的辩证关系，达到神韵之境，从而使蒙娜丽莎的微笑具有一种神秘莫测的千古奇韵，那如梦似的妩媚微笑，被不少美术史家称为"神秘的微笑"。

500年来，人们一直对《蒙娜丽莎》神秘的微笑莫衷一是。不同的观者或在不同的时间去看，感受似乎都不同。有时觉得她笑得舒畅温柔，有时又显得严肃，有时像是略含哀伤，有时甚至显出讥嘲和揶揄。在一幅画中，光线的变化不能像在雕塑中产生那样大的差别，但在蒙娜丽莎的脸上，微暗的阴影时隐时现，为她的双眼与唇部披上了一层面纱。而人的笑容主要表现在眼角和嘴角上，达·芬奇却偏把这些部位画得若隐若现，没有明确的界线，因此才会有这令人捉摸不定的"神秘的微笑"。荷兰阿姆斯特丹的一所大学应用"情感识别软件"分析出蒙娜丽莎的微笑包含的内容及比例：高兴83/100，厌恶9/100，恐惧6/100，愤怒2/100。

达·芬奇在人文主义思想影响下，着力表现人的感情。在构图上，达·芬奇改变了以往画肖像画时采用侧面半身或截至胸部的习惯，代之以正面的胸像构图，透视点略微上升，使构图呈金字塔形，蒙娜丽莎就显得更加端庄、稳重。另外，蒙娜丽莎的一双手柔嫩、精确、丰满，展示了她的温柔及身份，显示出达·芬奇的精湛画技和他敏锐的观察能力。

巨型画廊——敦煌莫高窟

敦煌莫高窟是举世闻名的中国古代艺术宝库，现有洞窟492个，壁画45000余平方米，塑像2000余尊，唐、宋窟檐木构建筑5座。如果把窟内所有的壁画联结起来，足可以组成一个长达25千米的画廊，可以称得上是世界上最长、规模最大的画廊。

莫高窟是古建筑、雕塑、壁画三者相结合的艺术宫殿，尤以丰富多彩的壁画著称于世。敦煌壁画容量和内容之丰富，是当今世界上任何宗教石窟、寺院或宫殿都不能媲美的。环顾洞窟的四周和窟顶，石窟壁画富丽多彩，各种各样的佛经故事、山川景物、亭台楼阁等建筑画、山水画、花卉图案、飞天佛像以及当时劳动人民进行生产的各种场面等，是十六国至清代1500多年的民俗风貌和历史变迁的艺术再现。在大量的壁画艺术中还可发现，古代艺术家们在民族化的基础上，吸取了伊朗、印度、希腊等国古代艺术之长，是中华民族发达文明的象征。各朝代壁画表现出不同的绘画风格，反映出我国封建社会的政治、经济和文化状况，是中国古代美术史的光辉篇章，为中国古代史研究提供珍贵的形象史料。

莫高窟中十六国时期的壁画并不多，主要有描述因果报应、苦修行善的本生故事画，宣传释迦牟尼生平事迹的佛传故事画以及说法图，集中在最早开凿的二七二窟、二七五窟和二八六窟。那时的壁画人物半裸体，有着极其夸张的动作，其面容、神采充满了静寂神秘的色彩，带有一种西域佛教的意境和风格。

北魏时期的壁画内容比从前增加了许多，不但佛传故事更加丰富，还出现了内容离奇、情节曲折的因缘故事。二五四窟的《尸毗王本生故事图》、《萨那太子本生故事图》和二五七窟的《鹿王本生故事图》深深地吸引了游人。

《鹿王本生故事图》

九色鹿的故事许多人已是耳熟能详，二五七窟的《鹿王本生故事图》用一长条横幅展开了连续的情节，将鹿王救起溺水人、王妃梦鹿、国王悬赏、溺水人告密、带领国王围猎、鹿王讲述拯救溺水者经过、国王放弃追捕、王妃气死等一系列故事情节生动地描绘出来。这是莫高窟最完美的连环画式本生故事画，线条刚劲有力，中心突出，层次分明，堪称北魏的经典作品。另外，北魏时代的壁画人物，脸型已由椭圆而变得略显修长。画的线条更加熟练、圆润，颇有"行云流水"之妙。色彩的蕴染也逐渐改进，显得人物更真实、可亲了。

北周时代的莫高窟，突现了一种新式的佛像画。菩萨们个个体态短壮，上身半裸或着僧祗衣，腰裹重裙，肩披大巾。他们的鼻子、眼睛、眉毛、牙齿、下巴统统是白色，好像一种特殊的装扮，奇特而新颖。

《西方净土变》

三二〇窟的《西方净土变》是一幅盛唐时期的作品。画面中部一个绿波浩渺的七宝池，雕栏环饰，各色莲花盛开。佛及菩萨坐于莲花之上，面目慈祥；池中童子嬉戏玩耍。宝池上端，碧空晴朗，彩云缭绕，化佛腾空，飞天起舞，天花乱坠。宝池下方，乐师演奏着各种乐器，舞伎宝冠罗裙，跳起西域的胡舞。整幅壁画呈现出一派欢乐、祥和的西方极乐世界的景象。隋唐时期的大型经变画还有如隋代四二零窟的《法华经变》、三二一窟的《宝雨经变》，初唐三二九窟的《弥勒经变》等等100多幅。它们均抛弃了早期阴森悲惨的情调，而以明亮、欢快的气氛代替。那飞扬的舞蹈、满是金银珍珠的宝山、轻盈皎洁的池水无不流露出人们对喜庆升平的佛国世界的美好幻想。壁画中的人物造型时代特点鲜明：男子宽衣博带，气象雍容；女子体态丰肥，艳丽多姿。尤其是菩萨像，端庄文静，窈窕可爱，温柔亲切，尤添了几许现实生活里的女性之美。

雕塑奇观——秦始皇兵马俑

1974年从陕西传来了最壮观的考古发现：守卫秦始皇陵的兵马俑从地下挖出来了。几千件和实际人物大小一样的陶质兵马俑和木质战车组成的严整军阵，这一威武雄壮的历史场面展现在人们面前。

秦兵俑

兵马俑坑位于西安东面骊山脚下，共有3处：一号坑东西长230米，南北宽62米，深约5米，为以步兵为主的长方形军阵。二号坑呈曲尺形，面积6000平方米，有1000多兵马俑，是一个以战车、骑兵为主，诸兵种联合编组的军阵。三号俑坑520平方米，像统帅一、二号俑坑军阵的军幕，有73名武士手持近卫武器，整个阵势环卫统帅人物乘坐的一辆战车而排列。三个俑坑有机地联系着，构成一个面积达20000多平方米、约8000个陶俑兵马、车步骑混合编组、部伍严整、排列有序、气势宏伟的军阵体系，这些数量众多的兵马俑，反映了秦代雕塑艺术的水平。令人信服地显示了秦代艺术家和工匠们的聪明才智。所有陶俑、陶马与真人、真马大小比例相仿，许多细部也都刻画得真实精巧，富于质感。特别是俑的头部塑造，更是惟妙惟肖，通过肌肉纹理和眉、眼、口、鼻的细致处理，展现了陶俑非常丰富的表情和性格。陶俑造型大多具有中国人的特征；方脸宽额，大嘴厚唇，留八字胡，抬头挺腹，身高有的达1.9米以上。

这些陶俑的装束，视他们的等级身份而不同。一般兵卒，身穿短褐或不带花边的铠甲，头挽发髻，也有的戴软帽，腿扎行膝，足穿方口齐头浅履。中下级武官则身穿带花边的前胸甲，头戴单卷尾长冠，足蹬长靴。而中级以上的将军俑则身披细小的彩色鱼鳞甲，头戴双卷尾长冠。其它还有骑兵俑、御手俑、车士俑、驭手俑和跪射俑等，也都装束各异，并各自作出自己的姿势。一匹匹雄骏的陶马，也都膘肥体壮，高约1.5米，长约2米，它们都昂首竖耳，目瞪口张，大有喷鼻嘶鸣，跃身飞驰之势。据专家们研究，这些陶俑、陶马，原来都有着漂亮的彩绘，但由于后来的火烧和浸泡，大多已剥落或变色。

秦始皇陵兵马俑是举世罕见的艺术珍宝。当年新加坡总理李光耀赞誉它是"世界的奇迹，民族的骄傲"。法国前总统希拉克称秦俑是世界八大奇迹，美国前国务卿基辛格赞秦俑是"世界上独一无二的秦代兵马俑"。它的发现和大批珍贵文物出土，为研究秦代的历史、军事制度及文化艺术，提供了极为重要的实物资料，为世界文化交流作出了贡献。

音乐之最——贝多芬的《命运交响曲》

《c小调第五交响曲》又称为《命运交响曲》，是德国作曲家贝多芬（1770~1827）最为著名的作品之一，完成于1804年末至1808年初。恩格斯盛赞这部作品为最杰出的音乐作品。此曲声望之高，演出次数之多，可谓交响曲之冠，可以说是音乐史上的一个奇迹。

《命运交响曲》全曲共有4个乐章。整部作品精炼、简洁，结构完整统一。在第一乐章的开头，贝多芬便写下警语："命运在敲门"，被引用为本交响曲具有吸引力的标题。作品的这一主题贯穿全曲，使人感受到一种无可言喻的感动与震撼。

第一乐章，灿烂的快板，c小

1804年的贝多芬，那年他开始创作《命运交响曲》

调，2/4拍子。奏鸣曲形式。乐章的开始由单簧管与弦乐齐奏出著名的四个音动机，并发展为第一主题，即命运主题，极富男性粗壮的气息。通过圆号对第一主题的号角式变奏，引出明朗、抒情的第二主题。

第二乐章，稍快的行板，降A大调，3/8拍子，自由变奏曲。第一主题抒情、安详、沉思，由中提琴和大提琴奏出。与之对应的第二主题先由木管奏出，后由铜管乐器奏出豪迈的英雄凯旋进行曲，表现了战士们的信心和勇气。

第三乐章，快板，C小调，3/4拍子。诙谐曲形式。在这一乐章中，命运主题的变奏依然凶险逼人，但在大提琴和低音提琴跃跃欲试的曲调后，乐队奏出旋风般的舞蹈主题，引出振奋人心的赋格曲段，象征着人民参加到与命运斗争的行列中，黑暗必将过去，曙光就在眼前。在低音乐器震撼人心的渐强声中，不间断地进入第四乐章。

第四乐章，快板，C大调，4/4拍子。奏鸣曲式。乐章的主题是乐队以极大的音量全奏出辉煌而壮丽的凯歌，如长江大河、浩浩荡荡，表现了这一场与命运的斗争最终以光明彻底的胜利而告终。

《命运交响曲》在1808年12月22日于维也纳剧院首演。这场盛大的音乐会演奏的都是贝多芬的新作品，并且由贝多芬亲自担当指挥。整场演出的时长超过四个小时。很快这首交响曲成为了每个演奏会的重点曲目。可以说是古典音乐的标志，《c小调第五交响曲》在1842年12月7日由纽约爱乐乐团演出，1931年11月2日由美国国家交响乐团演出。在它的技巧及情绪的巨大冲击下，《c小调第五交响曲》带给作曲家及音乐评论家很大的影响，受到影响的作曲家有布拉姆斯、柴可夫斯基、布鲁克纳、马勒以及柏辽兹。

世界遗址奇迹

罗马标志——古罗马斗兽场

古罗马斗兽场位于意大利首都罗马市中心的威尼斯广场南面，它是迄今遗存的古罗马建筑工程中最卓越的代表，也是古罗马帝国永恒的象征。漫步在意大利的首都罗马，就仿佛穿梭于时光隧道中。当夕阳勾勒出古老废墟雄浑的剪影时，金色的阳光也显现出昔日的斑斓，不由自主地，人们沉湎在厚重的历史积淀里了。

延续千年的古罗马帝国时期是一个崇尚英雄、追求光荣的时代，古罗马斗兽场（或者说斗兽场）正是那个时期的代表作。公元68年，意大利历史上残暴奢侈的皇帝尼禄死后，维斯帕先成为弗拉维王朝的创始人，并在次年加封为皇帝。他统一帝国和进行公共政策的改革，带来了政权的稳定，也得以着手从事大型建筑物的营建计划。据说，古罗马斗兽场正是罗马帝国征服耶路撒冷之后，为庆祝胜利和显示帝国强大的武功，强迫8万犹太俘虏修建而成。公元80年，其子提图斯皇帝为斗兽场隆重揭幕。

这位新加冕的国王极力利用斗兽场制造轰动效应，提高自己的威望。他宣布斗兽场开幕的那一天为全国的节假日。贴出的海报称开幕式角斗比赛要一天不停地连续举行100天，它将是有史以来最壮观的。古罗马诗人马歇尔出席了斗兽场的落成典礼。他说斗兽场不仅是世界上又一大奇迹，而且其他所有的奇迹加在一起也抵不上它。它是世界第八大奇迹，是最顶尖、最伟大的奇迹。

古罗马斗兽场鸟瞰图

斗兽场外观呈正圆形，俯瞰实为椭圆形。因为它建筑在一椭圆形的地基上，这个地基原是暴君尼禄皇帝金宫中的一个小湖，后用岩石和混凝土浇灌而成，厚度有12米。这座宏伟的建筑物面积约有2万平方米，大直径为188米，小直径为156米，圆周长527米，围墙高57米，用岩石、大理石和石灰华石筑成。从外部观看，自下而上的3层半圆拱门是由3种风格各异的古典式半圆柱支撑起来的，它们分别是粗犷质朴的多利克柱、优美雅致的爱奥尼亚柱和雕饰华丽的科林斯柱，这些圆柱都树立在巨大沉重的大理石柱基上。斗兽场的最高一层设有开口处，用来装饰该层的是封闭式的科林斯式壁柱。据记载，第二、三层每个拱门洞中曾有大理石人物雕像作为装饰，其姿态各异，英武豪俊，使建筑显得既宏伟又不失灵秀，既凝重而又空灵，整体建筑看上去颇像一座现代化的圆形运动场。从外观上，颇值一提的是弗拉维王朝的第三位继任者的一项创新，他在斗兽场上方安装了一个可以收起来的巨大遮篷。在炎热的夏季，遮篷可以使观众免受太阳的烘烤。遮篷本身就是一项工程杰作。它由一个复杂的绳索网支撑，而绳索则固定在环绕建筑顶层一周的240个杆子上。绳索的一头系在最顶上的杆子上，然后延伸下来，另一头固定在底层的绞车上。在架起或落下遮篷时，这些绞车必须同时启动。有专人击鼓指挥，巨大的遮篷一点儿一点儿地就位。无论是收起来还是升上去，都至少需要1000人工作。

这个复杂繁重的折叠工程是由帝国海军特种支队承担的，他们的兵营就设在斗兽场的附近。

斗兽场内部为阶梯形席位，一排排的座位结构由灰泥承重墙和外部方柱支撑，方柱由中心向外呈放射状排列。这样的次序使得建筑材料能够沿着倾斜的断面向上搭建，而且每一排都可搭鹰架支撑施工，使得营建工程能够取得较为迅速的进展。据资料记载，当年斗兽场的看台分为三个区。在当时的奴隶社会里，严格的等级制度从观众台的划分上就能体现出来。底层为第一区，是皇室、贵族、骑士阶层的座位；二层是第二区，为结了婚的公民的市民席，最高层即第三区，是平民区。第三区上部还有一层，是专为妇女们保留的，其座椅为木制。再上面为一个较大的平台，此处可供观众随意站立观看表演。为了安全，看台前专门建有高高的栏杆护墙，与表演区相隔。其中皇帝的包厢和执政官、元老们的贵宾座，则用整块大理石雕琢而成，地面铺着磨光的石灰华岩石，墙上镶嵌着最名贵的卡雷拉大理石，每一个拱都用彩色灰泥涂面。在整个角斗过程中不断地喷洒香水，以压住屠杀带来的血腥气味。走道两旁排列着英雄和诸神的铜像，随处都有可供观众饮用的泉水，水顺着明沟流淌，给过道带来一些凉气。斗兽场专门建有四座大型拱门，供拥挤的观众分散进出之用。这个设计十分有效率，而且经过精密估算，即使5万名观众，也能在三分钟内散场。在人口圆拱上方连续的数目字，标示着观众席的位置。皇帝进出的门位于斗兽场东北部第三十八和三十九两门之间。

斗兽场中央是一个椭圆形的角斗场，又被称为"沙场"，大直径为87米，小直径为54米，是斗兽、竞技、赛马、歌舞、阅兵和进行模拟战争的场所。它的部分地板石是活动式的，不但可以升降，而且只要在场内灌满深达1.5米的水，就成为用来模拟水战的舞台，因此又称为"水陆剧场"。昔日的大舞台已不复存在，呈现在人们眼前的只是位于"沙场"下面的地下室。那里曾是演出竞技和角斗的后台，有更衣室，有武器库，有导演室，机械室，还有野兽的樊笼和陈尸的太平间。纵横交错的通道走廊上还有30多个凹进墙中的壁龛，那些是安装升降梯的装置。其实，斗兽场特殊效果的核心就是30多部升降梯，用这些升降梯把野兽、舞台布景和角斗士运送到角斗场的中央。这些升降梯用人力和平衡锤操作，与斗兽场的死亡舞台直接相连。操作这些升降器械需要256个人。

圆形斗兽场的结构工程计划十分紧凑，建造者必须具备高度的组织技巧和创造力，他们不但轮班工作，并将建筑物规格化，同时也运用预铸法和精密的机械，以及工作方法与20世纪截然不同的大量技术工人。

罗马的法律，特别是罗马的军队，显示出罗马人有卓越的组织才能。他们运用这种才能把劳动大军分成规模适中的单位，使他们同时一起干活，就像是几百个或几千个小建筑公司在全城各处同时施工一样，用一种准军事方式把他们组织起来。建筑现场分成四支队伍，每支队伍负责整个工程的四分之一。

围绕着7个同心圆排列着坚固的石墩，整个建筑则围绕着这些石墩展开。每一个圆圈上有80个石柱，斗兽场的其余部分就建在这个支承重量的石头架子上。穹顶和拱把石墩连接起来，组成天衣无缝的楼梯和人行道网。斗兽场巨大的石墩是用石灰岩建造的，石灰岩是一种非常坚硬的沉积岩。直到今天，在离罗马市中心27千米的蒂沃利山中仍有石灰岩采石场。为了建造古罗马大斗兽场，蒂沃利采石场开采了50万吨石灰华岩石。此外，罗马运进了15万吨最好的大理石，这些大理石是用船沿台伯河或用牛车运来的。每天有200辆牛车到达建筑工地。有人曾计算出，单就建造一片外墙，就需要29.2万辆牛车运送石灰原料，而且先要特别开筑一条通往出产地蒂沃利的道路，才能运来。

石灰华石块之间的穹顶和拱是这座巨大建筑中突出的结构特点。这些技术是从希腊人建筑巴特农神庙的过程中学习来的，而后，罗马人利用水泥等新建筑材料加以发展。罗马建筑家对水泥的开发利用是建筑技术中的重大突破。这使他们能够建造比以前更坚固、更大的拱形结构。在古罗马斗兽场中使用的水泥掺入了一种特殊的成分：除了石灰、岩屑和细沙混合物外，还有维苏威火山的一种红色火山灰。这种特殊的材料使古罗马斗兽场使用的水泥具有异常强固耐久的性能。

这座大型的圆形斗兽场，以正式的公共建筑形态，满足酷爱观赏残暴演出为娱乐的大众口味，它同样成为罗马帝国权力和组织的公开展示。此后，竞技游戏的表演安排，越来越周延精密，演出的斗士、牺牲者和动物从全国各地送来；甚至曾有一场5万名观众的竞技比赛，为数高达5000对的斗士和5000头动物相互残杀。罗马宗教仪式中最重要的时刻是宰杀动物祭祀。祭神必须用动物作牺牲，这是罗马人宗教仪式的核心内容，在斗兽场上把野兽或人杀死只是把这种宗教象征意义推进了一步。古罗马帝国以世界的主人自居，显示他们主宰世界的方式之一是把他们能搜罗到的珍禽异兽带到罗马来展示，并把它们带上斗兽场杀死。这种屠杀并不仅仅是嗜血成性，对罗马公民来说，它还表示罗马帝国征服了桀骜不驯的大自然。

伴随军事扩张的不断进行，胜利者掠夺来大量的财富及奴隶，角斗这种野蛮的娱乐在罗马愈演愈烈，大斗兽场每年都会举办上百场这种活动。残酷和暴力充斥着罗马社会，令人头晕目眩。只有极少数人有足够的勇气来批评这种根深蒂固的弊病。

据学者们估计，至少有70万人在斗兽场中丧生。死在这里的有角斗士、罪犯、士兵、普通平民、妇女，甚至还有儿童。所有这些人都是在众目睽睽之下死去的，他们的尸体通过罗马帝国最宏伟的斗兽场的大门被抬出去，只是为了让观众开心。竞技游戏的成败对罗马皇帝受爱戴的程度具有影响力，斗兽场的命运是与罗马帝国的命运紧密相连的，这种游乐竞技持续到帝国倾颓无力举办才停止。公元1084年，日耳曼人打进罗马城，古罗马城被洗劫一空，斗兽场也被人遗弃，一时曾成为人们挖掘大理石寻找建筑材料的基地。

今天，在斗兽场建成近2000年之后，每年仍有200万人前来参观，它的雄伟规模和令人心寒的名声吸引着这些游客。由于地震破坏和历代洗劫，这些让游客心驰神往的废墟只有原来大小的33%。斗兽场的宏伟建筑是古代罗马奴隶智慧和血汗的结晶，它同时也记录了古代奴隶主的残忍和奴隶生活的悲惨。角斗士痛苦的呻吟，野兽的嚎叫，观众的狂呼，都印证在每一块斑驳的石灰石上，它在警示后人，别重蹈那些从战争和嗜血搏杀中牟取光荣的前辙了。

神秘通道——马里廷巴克图遗址和杰内古城

马里中部的廷巴克图是世界文化遗产，位于沙漠中心一个叫做"尼日尔河之岸"的地方，距尼日尔河7千米。它坐落在尼日尔河河道和萨赫勒地区陆地通道的交汇处，是从开罗或的黎波里经贡达姆漫长之路的终点。据说廷巴克图是图阿雷格人建立的。图阿雷格人是游牧于阿鲁万纳和尼日河沿岸之间。旱季他们南下来到这里的一口水井旁安营扎寨，这口水井由一个叫布克图的老妇人看守，图阿雷格人将这里称作"廷——布克图"，意思是"布克图之地"。"廷巴克图"一词就是从这里演化而来的。图阿雷格人的这口水井迄今依然保留着，供游人观赏，成为这座城市的历史见证。

廷巴克图在约公元15～16世纪成为了精神文化中心，同时也是伊斯兰文化向非洲传播的中心。津加里贝尔、斯科尔和西迪·牙希亚这三座雄伟的清真寺反映了廷巴克图的黄金年代。尽管这些建筑在16世纪被修复，但是今天它们仍然受到风沙侵蚀的威胁。由于风沙侵蚀的威胁，世界遗产委员会在第14届会议上把廷巴克图列入世界濒危遗产名录。为了抵御这些最严重的危险，一项保护世界财产的计划已经启动，包括修固津加里贝尔清真寺和雨水排放系统的改建。

廷巴克图建于公元1100年，是古代西非和北非骆驼商队的必经之地，也是伊斯兰文化向非洲传播的中心。它享有"苏丹的珍珠"、"神秘的通布图"、"荒漠中的女王"之美称，是马里历史上最悠久的一个古城。此外，它还以具有伊斯兰建筑风格的清真寺而闻名于世。

公元13世纪，随着以尼日尔河为经济中心的马里帝国的崛起，廷巴克图日渐重要。由于它与杰姆之间发展的食盐、谷粮和黄金贸易，其商业影响远远超过了它的军事作用。它不仅接纳了许多从撒哈拉沙漠边界城镇逃出来的外国商人，而且吸引了众多伊斯兰学者。所有这些人为廷巴克图的发展及其包括贡达姆等邻近地区的确立作出了贡献。

廷巴克图从公元14世纪中叶起，相继成为马里帝国和桑海帝国的重要都市，修建了防卫城墙和清真寺。此

廷巴克图遗址

时的廷巴克图在曼丁哥帝国的统治下已成为重要的文化中心。城市结构的基本布局就在那个时候确定下来。在阿斯吉亚王朝（1493～1591年）时期，是西非的文化和宗教中心，城市建设密集发展。世界各地的伊斯兰学者纷纷到这里讲学布道，那些能工巧匠更是在这里大显身手，使这座城市声威远震，与开罗、巴格达和大马士革齐名，是当时著名的伊斯兰学术研究地之一。

在撒哈拉沙漠以南非洲地区，廷巴克图是最早皈依伊斯兰教的城市，伊斯兰教在这里发展的鼎盛时期，城内的斯科尔高等学府，有研究《古兰经》以及法学、文学、历史和天文、地理等的学科。今天市内保存下来的最著名的伊斯兰古建筑是津加里贝尔大清真寺，也称穆萨清真寺或康康清真寺，建于马里苏丹艾尔·哈吉·康康·穆萨执政时期，由著名的伊斯兰建筑师阿布·杜德吉于1325～1330年设计督建，后来又几经重修扩建，成为一组庄严肃穆、宏伟壮观的伊斯兰建筑群。

清真寺由三座内院和两座宣礼塔组成，其中一座宣礼塔为全市最高建筑。清真寺墙面呈深黄色，上面饰有各种图案和浮雕，并刻有许多经文。寺内东西向有8排立柱，南北向有25排立柱，立柱林立，殿堂宏伟，尖塔高耸，呈现出精湛的伊斯兰建筑艺术。市内的另一座名叫斯科尔的清真寺，建于公元14世纪末，也是一座著名的伊斯兰建筑。据说这座清真寺是一位虔诚的伊斯兰信徒而又乐善好施的贵妇人出资建造的。清真寺的宣礼塔建筑精美，祈祷大厅装饰豪华，厅外小径环绕，院内北侧的房舍是当年作为斯科尔高等学府的教学场所。

斯科尔清真寺

因廷巴克图地处水陆要冲，是撒哈拉沙漠通道和尼日尔河的联结点，自古以来商业贸易活动十分活跃，迄今市区仍有数目众多的古老市场，充分显示出这座城市在商业方面的重要地位。可以说，廷巴克图之所以闻名于世，在很大程度上应归功于它在西非商业上的特殊地位。虽然廷巴克图现在只有1万余人口，极盛时期却曾达到4.5万人，城市除几条新修的马路外，建筑形式和布局基本上保持着15世纪的原貌。居民住宅为木石结构，多为两层，门上装有门环和门钉，并装饰有五颜六色的铜质图案。市区有肉类加工、食品加工等工业，郊外有航空站。

早在16世纪廷巴克图就已具城

市规模,但现今的规划布局应追溯到19世纪。5千米长的城墙环绕在城市5个城区外。在这个商业性城市里,市场和公共聚集地占据了很大一部分空间。宽窄各异的、弯弯曲曲的砂石街巷从作为城市2个中心的2个清真寺向外延展。曼丁哥王朝统治时期的津加里贝尔清真寺的金字塔状平头光塔在市区以外也清晰可见,已成为城市一道景观。津加里贝尔清真寺整体厚重,但其拱廊使这一感觉有所缓解。另外2个清真寺也为城市景观增添了这一基本视觉效果,其中斯科尔清真寺已转变成为大学。城市景观还包括那些低矮建筑。廷巴克图附近农副产品丰富,是阿拉伯树胶、柯拉果、畜产品集散地和食用盐的中转站,椰枣产量大,是游牧民和一部分城市居民的主要食粮。城市居民绝大多数信奉伊斯兰教,保持着伊斯兰习惯,每逢星期五主麻日,万人空巷,清真寺内外人山人海,人们虔诚地做礼拜。

巨石之林——爱尔兰博因遗迹群

博因遗迹群包括3个史前遗址,即布鲁那伯尼、纽格吉和诺斯道斯,位于都柏林以北50千米的博因河畔,这个地区是欧洲史前巨石艺术最大和最重要的现存遗址。它集中表现了那

博因遗迹群巨石

个时代社会、经济和丧葬习俗文化的风貌。博因遗迹群位于爱尔兰都柏林市北部的博恩河谷中,新农庄是三个埋藏遗址之一。1993年,联合国教科文组织将其作为文化遗产,列入《世界遗产名录》。

博因河湾是一系列小的冰川山丘组成的5平方英里大小河流交汇处,这里也是发现3个史前手推车的地点,有时也被称作布鲁那伯尼皇家墓地。新农庄是三个埋藏遗址之一,也叫做通道墓地。作为通道墓地的手推车的描述仅仅指明了这个土堆处曾经有一条通向中心会所的通道。新农庄直径约280英尺,高47英尺。实际的中心会所是拱梁的、12英尺长、8英尺高,被称为"未经修面的直立石头"。每一块拱顶的压顶石在20~40吨。在新农庄的通道墓地的入口是一圈由5~8英尺高的独立巨石包围的前院。这些石头中的30块无论是里面还是外面都是扁平的,并且有装饰性的麻点和雕刻。尽管这些手推车比新石器时代的石斧或石凿还早,这些古代雕刻地区的原型计划的某些方面

似乎已经被他们采用，至少预示着在对布拉吉神和6世纪的布拉吉圣徒的共同崇拜中发现了典型的象征主义。

这些位于新农庄的装饰的石头是使用巨石装饰艺术的重要代表之一。石头上的切口许多都是线性几何图形，如锯齿状线条、V形、三角形、菱形、同心环形、螺旋形等。最初的理论认为，当这些设计是受麦锡尼墓葬艺术的启发。有人认为，通过那些带有雕刻图案的巨石建筑，也许可以向我们提供当时的人们的宗教信仰、宗教仪式的某种线索。

在所有不同的各种图案中，最为值得研究的是螺旋图案。螺旋形是葬礼的象征，在爱尔兰人的坟墓中极为普遍，它在其他的巨石文化中也是如此。从历史学角度看，在巨石文化和新石器艺术中都有螺旋形，它与精神信仰中的生死轮回和再生的学说有着千丝万缕联系。在新庄园地区发现的螺旋形单独出现或者成对出现，有时沿同一方向旋转，有时故意反方向旋转。在新庄园地区的一个遗址的街边石头中还发现了目前已知的惟一从中心点辐射的三曲枝图或者三倍数的排列方式的实例。

新庄园遗址的许多螺旋形线条构成的图案，都呈现两个漩涡夹一个连接的部分的形式。吉·珀斯认为它象征生命之门的开放，或者是诞生和死亡之间、死亡和再生之间的分界。两个布拉吉神都能赐福给人们，同时

巨石上的螺旋雕刻

也是告知人们死亡和灾祸的信使。两个螺旋线传统上也一直被用来表示皎洁的弯月。通过利用螺旋线在数学上的增长性质，人们可以推算出明月之夜出现的时间。将螺旋线核对布拉吉神和布拉吉圣徒的崇拜联系起来似乎有点荒谬，但这仅仅是其他重要因素考虑之前的认识。螺旋线本身可能在其它的巨石文化中也很常见，但是在使用石斧或石凿的新石器时代发现螺旋线，在爱尔兰岛以外的同时代考古发掘中还是罕见的。尽管布拉吉圣徒在爱尔兰岛以外以不同的形式和名称广泛分布，但这个地区是分布最强的。有人认为，这是古人们对自然力量的歌颂。圆圈和螺旋可能是天体的象征，许多巨石陵墓中的那种天象排列，似乎暗示着日月星辰对陵墓建造者的重要作用。当然，以上种种说法都只是猜测，这些巨石上的图案到底意义何在，现在还没有确凿的答案。

近代以来，历史学家们普遍认为，从公元前5000年左右起，欧洲新石器时代的古人，结束了那种以采

集为生、四处流浪的生活状态,定居在一个固定的地方,这就是欧洲的第一代农民。那时的欧洲地广人稀,遍地都是猎物,人们只要干两个小时的农活,就足以解决食住问题。所以,他们可以挤出时间来建造这些巨石建筑,而新农庄的巨石遗迹就是这些农民建造的。

荒漠古邑——约旦佩特拉古城

佩特拉古城位于约旦王国首都安曼南部250千米处,隐藏在一条连接死海和阿卡巴海峡的狭窄的峡谷内。古代曾为重要的商路中心,厄多姆国的都城。1812年以来陆续发现许多古迹,大都雕刻在一条深谷的岩壁上。

峡谷尽头的佩特拉古城

通往佩特拉古城的必经之路是一个叫锡克的山峡,深约60米。这条天然通道蜿蜒深入,直达山腰的岩石要塞。此峡谷最宽处约7米,最窄处仅能让1辆马车通过,全长1.5千米左右。进入峡谷,甬道回环曲折,险峻幽深,路面覆盖着卵石。峭壁上的岩石,在风雨长期作用下变得平整光滑,似刀削斧砍。顺峭壁仰望苍穹,蓝天一线,壮观而又美丽。行走在黑暗的锡克山峡中,回声飘荡,可是一转过这令人毛骨悚然的山峡,则是另一番景观,世上最令人惊叹的建筑就呈现在眼前:高耸的柱子,装点着比真人还大的塑像,整座建筑完全由坚固的岩石雕凿成形。这座建筑名叫卡兹尼,它最引人注目的特征是其色彩,由于整座建筑雕琢在沙石壁里,阳光照耀下粉色、红色、橘色以及深红色层次生动分明,衬着黄、白、紫三色条纹,沙石壁闪闪烁烁,无比神奇。

卡兹尼建于公元初年,其建筑特色具有典型的古希腊后期建筑风格。这一建筑的设计风格与其说是纳巴泰式,不如说是古典式的。这是一座在岩石中建成的巨型建筑——其正面宽30米,高40米,入口高达8米,使得任何站在里面的人都显得极其渺小。

卡兹尼名为"宝库",是因为传说这是历代佩特拉国王收藏财富的地方。整个殿门分两层,下层有两根罗马式的石柱,高10余米,门檐和横梁都雕有精细的图案。殿门上的3个石龛中,分别雕有天使、圣母以及带有翅膀的战士的石像。宫殿中有正殿和侧殿,石壁上还留有原始壁画。

进入其中后有一巨室,石阶尽头是一壁龛,其中或许存放过一位神的塑像。前面的空地是专门容纳前来朝拜的人群的。佩特拉正面顶部的瓮被认为曾是用来存放某位法老财宝的，以前有许多人曾尝试用枪击中这只瓮以获取其中的财宝。

过了卡兹尼，锡克峡谷豁然开朗，伸向约1.6千米宽的大峡谷。这峡谷中有一座隐没于此的城市：悬崖绝壁环抱，形成天然城墙；壁上两处断口，形成这狭窄山谷中进出谷区的天然通道。四周山壁上雕琢有更多的建筑物。有些简陋，还不及方形小室大，几乎仅能算洞穴；另一些大而精致——台梯，塑像，堂皇的入口，多层柱式前廊，所有这一切都雕筑在红色和粉色的岩壁里。这些建筑群是已消失的纳巴泰民族的墓地和寺庙。

从佩特拉中部出发经半小时的山路便到达代尔。代尔是重要的进行宗教庆祝活动的场所。高地另一段陡峭的山路通往阿塔夫山脊。在一片人造的高地上有两方尖碑，山腰再往上一些是另一块被夷平的地，约有61米长，18米宽。高地被理解成用于举行祭祀仪式的地方。高祭台上是放祭品的地方，纳巴泰人供奉两个神：杜莎里斯和阿尔乌扎。这里的祭台有排水道。可能是用来排放血的，有迹象表明，古纳巴泰人曾用人来进行祭祀。

到了20世纪，佩特拉成为旅游胜地，同时也成了考古学家研究的重要而严肃的课题之一。首批当代考古队考察了佩特拉的石雕墓地和庙宇，研究者们确定佩特拉建筑融入了埃及、叙利亚、美索不达米亚、希腊以及罗马的建筑风格，展示出一个多国文化交流中心城市的风貌。2007年，在世界新七大奇迹的评选中，佩特拉古城名列其中。

废奴传说——基尔瓦遗址和松戈马拉遗址

坦桑尼亚林迪地区的基尔瓦·基西瓦尼岛和松果岛有世界著名的文化遗址，这就是基尔瓦遗址和松戈马拉遗址。

基尔瓦遗址和松戈马拉遗址

在公元13~14世纪，基尔瓦·基西瓦尼岛是印度洋沿岸城市与非洲海岸各地之间联系的枢纽，紧靠非洲大陆海岸。在这里众多的建筑当中，最著名的要数始建于公元12世纪的大清真寺，这是当时非洲东海岸地区最大的清真寺。一直到16世纪基尔瓦·基西瓦尼这个地方都是印度洋海岸交易活动的活跃地，是繁荣的商贸中心。商人们在这里交换金、银、珍珠、香料和瓷器。基尔瓦遗址因发掘出大批古建筑物遗址和中国的古瓷器而闻名于世。这些古代瓷器品种繁多、色彩各异，其中包括烧制于宋、元、明、清各个朝代的瓷器，例如浙江青瓷，景德镇青花瓷、青白瓷，河北的白釉赫花瓷和福建的白瓷等。这些瓷器中有碗、盘、钵、瓶、罐等生活器皿。

基尔瓦实际上有3个：历史最悠久的海岛基尔瓦，坐落在距海岸2千米的一个小岛上，这就是中世纪基尔瓦城遗址，一度被认为是所罗门王的藏宝地；森林中的基尔瓦是19世纪主要奴隶贸易中心；基尔瓦商城则是地区首府。基尔瓦地区具有重要的历史研究价值和美不胜收的景色。12世纪时该地区的发展达到了鼎盛，并一直保持到19世纪。其繁荣景象随奴隶贸易的废除而终结，权力外移。不久，基尔瓦昔日的辉煌只剩下了海边的巨大废墟。

森林基尔瓦过去是以尼亚萨湖为起点的南方商路的终点。19世纪60年代每年从这里向海外贩运20000多奴隶，这里还是德国殖民者的南方行政中心。基尔瓦商城的广场上每天都有丰富多彩的集市，白衣男人和黑衣女人们聚集在芒果树下出售新鲜的土产和各种商品。

海岛基尔瓦保存有壮观的遗迹，极为精美、完好如初的撒哈拉沙漠以南的伊斯兰建筑蜚声海外。这些遗迹和岛上几千米以南的石城遗迹，及渺无人烟的长方形房屋，使得这一地区成为南方历史中心。海岸边散布着小渔村，这个国家其他地区进行发展的时候，这里没有丝毫变化。这里的大清真寺建于14世纪，当地的曼丁哥人和松海人信仰祖先崇拜，他们坚信，某一地区的祖宗神灵可以保护当地和那里的居民免遭魔鬼和灾难侵袭。这种神灵的幻象被描绘在成堆的圆锥形陶器或石柱上，在整个热带草原随处可见。拉贝尔·普鲁森在有关伊斯兰和非洲文化的著作中指出，随着伊斯兰教在这些地区的传播，这些石柱上的内涵通过清真寺的尖塔表现出来之后，呈现出多种意义。

位于松果岛北部的松戈马拉遗址，建于14世纪末。那里曾一度是繁华的商贸中心，控制着沿印度洋地区的大部分贸易活动。该处至今还完好地保存着5座清真寺及多处用矮护墙围起来的民居。遗址西南部是一座宫殿，它由一座大院及环绕大院四周的房屋组成，大部分房屋内部都用蓝色的陶瓷来装饰，并且带有穹顶。

奥运之根——奥林匹亚考古遗址

奥林匹亚遗址在伯罗奔尼撒半岛的山谷里，自从史前时代以来就有人居住。在公元前10世纪，奥林匹亚

奥林匹亚考古遗迹

成为敬拜宙斯的一个中心。除了庙宇以外,还保留着专供奥运会使用的各种体育设施。开始于公元776年的奥运会每4年在奥林匹亚举行一次。

奥林匹亚的考古遗迹位于希腊伯罗奔尼撒半岛西部、伊利亚州境内,阿尔菲奥斯河北岸。距首都雅典以西约190千米,坐落在克洛诺斯树木繁茂、绿草如茵的山麓,是古希腊的圣地。最早的遗迹始于公元前2000~前1600年,宗教建筑始于约公元前1000年。从公元前8世纪至4世纪末,因举办祭祀宙斯主神的体育盛典而闻名于世,是奥林匹克运动会的发源地。古时候,希腊人把体育竞赛看做是祭祀奥林匹斯山众神的一种节日活动。公元前776年,伯罗奔尼撒半岛西部的奥林匹亚村举行了人类历史上最早的运动会——古代奥林匹克运动会。为纪念奥林匹亚运动会,1896年在雅典举行了第一届(现代)奥林匹克运动会。以后,运动会虽改为轮流在其它国家举行,但仍用奥林匹克的名称,并且每一届的火炬都从这里点燃。

神庙区称为阿尔提斯或宙斯圣园,呈不规则四边形,每边长182.9米,北以克洛洪斯山为界,其余3面筑墙。围墙内有宙斯神庙和赫拉神庙以及祭坛、宝库和管理所等建筑。围墙外面为运动设施及旅舍、浴室等。奥林匹亚考古遗迹的中心是雄伟的宙斯神庙,神庙内的宙斯像全身镶满了黄金和象牙。这座由大雕刻家菲狄亚斯雕刻的巨像被大火毁于公元475年。而菲狄亚斯工作过的作坊遗址就在宙斯神庙的旁边。赫拉神庙规模不大,里面供奉着女神赫拉像。它是奥林匹亚遗址中现存最古老的建筑,建于公元前600年左右。在神庙的祭坛旁,是现代奥林匹克大会圣火点燃仪式的举行地点。

赫拉神庙遗址

奥林匹亚考古遗迹中的许多建筑和设施,都是为体育比赛修建的。位于原来宙斯庙附近的运动场,是世界上现存最古老的运动场。运动场旧址和周围的许多建筑因长期遭受泥土的堆积,现在都被埋藏于5~7米厚的泥土下面。发掘后的运动场,曾在公元前4世纪得到扩建。它坐落在长满橄榄树、柏树、桂树的丘陵地带,长200米、宽175米。而现今仍保留完好的则是石制看台的一侧,这里还能依稀看见原来由石灰石铺成的起跑点,周围建筑物的石柱直径都在2米开外。站在看台高处往下看,只见层层石阶,好似涟漪层层的水面。古希腊青年早在公元前1000年前后就在这里进行竞技。古奥林匹亚体育场毁于战火与风雨,自18世纪始,一批又一批的学者接连不断地来到奥林匹亚考察和寻找古代奥运会遗址。1936年第11届奥运会后,因有部分余款,国际奥委会决定用这笔款项继续对奥林匹亚遗址进行发掘,发现并复原了体育场。

古奥林匹亚体育场四周有大片坡形看台,西侧设运动员和裁判员入场口,场内跑道的长度为210米,宽32米。它与附近的演武场、司祭人宿舍、宾馆、会议大厅、圣火坛和其他用房等共同构成了竞技会的庞大建筑群。现遗址上建有奥林匹克考古学博物馆,馆内藏有发掘出土的文物,包括大量古代奥运会的比赛器材和古希腊武器甲胄等。

对于每一个和奥林匹克运动有关的人来说,到希腊奥林匹亚山去朝圣是终生的一种信念和梦想。就像穆斯林到麦加去朝圣先知穆罕默德。这种朝圣是一次洗礼,圣贤先哲通过古代奥林匹克运动,告诉你奥运会之所以历经数千年而不衰的秘密。暮色苍茫中的奥林匹亚山矗立不语,它深邃的目光穿透历史的烟云注视着今天的奥林匹克人。无论历史烽烟如何变幻,奥林匹克精神都将永存。

玛雅文明——洪都拉斯科潘玛雅遗址

玛雅文明是拉丁美洲古代印第安文明的杰出代表,约形成于公元前2500年,以印第安玛雅人而得名,主要分布在墨西哥南部、危地马拉、巴西、伯利兹以及洪都拉斯和萨尔瓦多西部地区。

位于洪都拉斯首都特古西加尔巴西北部大约225千米处的科潘玛雅古城的遗址,是玛雅文明中最古老且最大的古城遗址。遗址坐落在13千米长、2.5千米宽的峡谷地带,海拔600米,占地面积约为15公顷。这里依山傍水,土地肥沃,森林密布。

科潘玛雅遗址

公元前200多年，科潘是玛雅王国的首都，也是当时的科学文化和宗教活动的中心，公元1576年，西班牙迭戈·加西亚在从危地马拉去洪都拉斯的途中，发现了这处淹没在草莽丛中的古城遗址。遗址的核心部分是宗教建筑，主要有金字塔祭坛、广场、6座庙宇、石阶、36块石碑和雕刻等；外围是16组居民住房的遗址。最接近宗教建筑的是玛雅祭祀的住房，其次是部落首领、贵族及商人的住房，最远处则是一般平民的住房，反映了阶级社会中等级制度的宗教特点和宗教祭祀的崇高地位。

在广场附近，一座庙宇的台阶上立着一个非常硕大的、代表太阳神的人头石像，上面刻着金星。另一座庙宇的台阶上，是两个狮头人身像，雕像的一只手握着一把象征着雨神的火炬，另一只手攥着几条蛇，嘴里还叼着一条蛇。在山坡和庙宇的台阶上，耸立着一些巨大的、表情迥异的人头石像。据说他就是玛雅人的第一位祭司、象形文字和日历的发明者伊特桑纳。另一个长1.22米、高0.68米的祭坛上，刻有4个盘腿对坐的祭司。他们身上刻有象形文字，手中各拿着一本书。在这个祭坛的雕刻群中，有用黑色岩石碎片镶嵌成花斑状的石虎和石龟。

在广场的山丘上有一座祭坛，高30米，共有63级台阶，它是由2500块刻着花纹及象形文字的方石块垒成，石阶两侧雕刻着两条倒悬着的花

玛雅金字塔

斑大蟒。在广场的中央，有两座有地道相通、分别祭太阳神和月亮神的庙宇，各长30米，宽10米。墙壁门框中有丰富多彩的人像浮雕。在两座庙宇之间的空地上，耸立着14块石碑，这些石碑建于613年至783年之间，所有的石碑均由整块的石头雕刻而成，高低不一，上面刻满了具有象征意义的雕刻和数以千计的象形文字，在众多的人物雕像中，只有一个看起来像女性，表明当时妇女地位的低下。

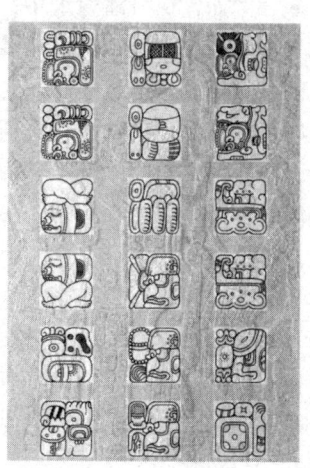

玛雅的象形文字

科潘玛雅遗址中，还发现了一个面积约300平方米的长方形球场，地面铺着石砖，两边各有一个坡度较大的平台。现在台上仍有建筑物的痕迹。据考证，科潘的玛雅人在举行祭祀仪式时，要进行一场奇特的球赛，用宗教活动来选拔部落中的勇士。

科潘玛雅遗址是玛雅文明最重要的地区之一，有着宏大的建筑，还有丰富的象形文字，是极少数起源于热带丛林的文明的例证。这些建筑表明科潘的玛雅人有高度发展的经济和文化。玛雅人具有的抽象思维能力让同时代的旧大陆文明相形见绌。他们创造了精确的数学体系和天文历法系统，以及至今仍有待我们去破译的象形文字系统。

科潘是玛雅象形文字研究最发达的地区，它的纪念碑和建筑物上的象形文字符号书写最美、刻制最精、字数最多，例如，在科潘遗址中，有一条六七十级的梯道，用2500多块加工过的方石砌成，这是一座纪念性的建筑物，梯道建在山坡上，直通山顶的祭坛。宽10米，两侧各刻着一条花斑巨蟒，蟒尾在山丘顶部。梯道的每块方砖上都刻着象形文字，每个文字的四周均雕有花纹，梯道共刻了2000多个象形文字符号，它是玛雅象形文字最长的铭刻，也是世界题铭学上少见的珍贵文物，由此被称为"象形文字梯道"。

科潘的经济与政治实力也十分强大，仅次于蒂卡尔而远远超过其他城邦，在文化上则完全可以和蒂卡尔并肩而立，甚至还略有超越，有学者认为科潘的重要意义决不在蒂卡尔之下，它们如双峰并立，是玛雅文明两座最伟大的灯塔。从考古发掘的城市遗址看，科潘在规模上可能略逊于蒂卡尔，但美丽却有过之而无不及。

巅峰之城——秘鲁印加马丘遗址

1911年失落了很多个世纪的古城马丘比丘在秘鲁被发现，这证明了被认为缺失古文明的美洲，也存在一个不逊色于古罗马文明、古希腊文明的印加文明。1983年印加马丘比丘被联合国教科文组织列入人类文化遗产名录。

马丘比丘被称作印加帝国的"失落之城"。"马丘比丘"在印加语中意为"古老的山巅"。古城海拔2280米，两侧都有高约600米的悬崖，峭壁下则是日夜奔流的乌鲁班巴河。由于其圣洁、神秘、虔诚的氛围，马丘比丘被列入全球10大怀古圣地名单。

马丘比丘距印加帝国都城库斯科120千米左右，建在距乌鲁班巴河面2400米高的山脊上，全城面积约9万平方米。智利著名诗人聂鲁达曾在他的长诗《马丘比丘之巅》中写道："我看见石砌的古老建筑物镶嵌在青

马丘比丘遗址

翠的安第斯高峰之间。激流自风雨侵蚀了几百年的城堡奔腾下泄……"据推测,马丘比丘即建于15世纪印加帝国开始扩张的帕查库蒂统治时期,马丘比丘古城遗址外围是层层梯田形成的农业区,城区则由200座建筑和109个连接山坡和城市的石梯组成。城内规划井然,北部多为庄严的宫阙神殿,南部是作坊、居室和公共场所。印加人称自己为"太阳的子孙",他们将太阳视作"燃烧的火鹰",渴望用"拴日石"将带来光明和温暖的太阳永远留在天上。直到今天,对太阳的崇拜仍在印加民间流传。在这座古城关于太阳崇拜的建筑也随处可见。

这里与其说是个城市,不如说是个宗教活动的聚集地。它建成的年代尚是个未知数,不过很可能是建于15世纪末,印加帝国向外扩张势力的鼎盛时期。有人估计说这里至少居住1500人。从挖掘出的头骨,能推断其女性人数与男性人数的比例为10∶1,这一点支持了下述的推测:这里曾是个宗教祭奠活动的场所,这里的人们崇拜太阳,因为女人被视为太阳的贞女。

1532年,印加帝国正当全盛期,拥有600万国民,掌握了当时先进的有色金属冶炼、加工技术,能制造出一流的冷兵器,还有像马丘比丘那样险要的城堡可坚守。可是数百名西班牙殖民者闯入印加帝国后,短暂的时间,帝国消亡了,马丘比丘的印加文明失落了,据口传历史记载的阴谋、谎言等卑鄙伎俩让史学家推断部族之间自相残杀,势力削减,使偌大的帝国就此消亡,而真正的原因却一直是一个谜。

16世纪中叶,当秘鲁沦为西班牙殖民地后,民间就一直相传:在茫茫的安第斯山脉中,有一座神秘的印加古城。300多年间,探险家们多方寻觅,均无所获。直到1911年7月的一天,美国耶鲁大学教授希拉姆·秉汉姆在距印加古都库斯科城120千米、海拔2400多米的群山之间,发现了这座被白云和密林覆盖的高原城郭。考古学家无法得知它的原始名字,于是借用了附近一座山名,称其为马丘比丘。此后,随着神秘面纱逐步被揭开,古老的马丘比丘开始向现代社会透射出它曾经辉煌的帝国文明。遗址虽只剩下残垣断壁,但当初兴盛时期的壮观风貌依稀可见。古城街道狭窄,整齐有序,宫殿、寺院、作坊、堡垒等各具特色。它们多用巨石堆砌而成，没有灰浆等黏合物，大小石块严丝合缝，甚至连一个刀片都插不进去。1983年，联合国教科文组织将马丘比丘列入《世界文化遗产名录》。

强大的帝国为什么要建设这样一座空中城堡？建筑位置、难度、都是当时的生产力水平无法承载的负担。印加的统治者为什么会选择这里建设城堡呢？为了防御？为了最后的退守？为了生产？多少年来，考古学家对这个神奇的古城产生了众多的猜想。最有说服力的猜想是，祭奠神灵。印加人崇拜太阳，太阳神是他们最重要的神灵，印加王都自称为"太阳之子"。选择这样高的位置建设如此规模的一座城。为的只是和太阳更近一些。现代考古学者推断，马丘比丘并不是普通的城市，而是一个举行各种宗教祭祀典礼的活动中心。平时有一些人居住在这里照料寺庙和祭坛，大部分人要到宗教节日才到这里来。考古学家在城中发现的头骨中，绝大多数是女人的头骨，他们推断这些都是为了敬献给太阳神的祭品。

印加古城的建筑，全用巨石建成，见不到灰浆的痕迹，在那个荒蛮的时代，达到如此的工艺水平是一个谜。更重要的是那些巨石，古印加人从哪里用什么方法搬来的？在崎岖狭窄而危险的山脊上，把巨石运上山巅几乎没有可能！秘鲁科学家认为印加人并没有在悬崖峭壁上搬运巨石，而是在山巅就地取材的。他们在选定的山巅就地采集岩石制作砌块，在山顶开出了一片9万余平方米的开阔平地，垒筑古城。然后把剩余的石块、碎砾全部扔下了山崖，在山巅留下了这座奇迹般的古城。

古城发现之后，世界各地的旅游者慕名而来，每年接待的游客达50万之众，从印加古都库斯科到马丘比丘有一条专门为旅游者建造的高山铁路。全长只有几十千米，一路上盘山过洞，曲曲折折，窗外的风景也是险象环生而又美不胜收。火车只到马丘比丘的山底，探访古城需要再坐汽车，那些载着游客上下山的小型公共汽车排放大量尾气，严重影响了古城遗址的环境；同时，旅游业的兴旺带来周边城镇的不断扩张，也对古城遗址保护造成了严重困扰。

此外，马丘比丘还面临着山体滑坡的危险，随时有可能毁于一旦。近年马丘比丘附近名叫"热水"的小镇发生山体滑坡，共有十几人遇难。而马丘比丘古城遗址地表不断增多的裂痕也使得人们不得不更加担心它的安危。与此同时，多国科学家在马丘比丘及其周围共发现七大地质构造缺陷，受此影响，马丘比丘正面临缓慢移动、下陷和坍塌的危险。当地政府和联合国教科文组织都在积极地维护这座神秘的文明遗址。

千古之异——英国史前巨石阵

在英格兰南部一望无际的索尔兹伯里平原上，孤零零地竖立着巨形方石柱的灰白石柱圆阵，远远望去，显得十分渺小、貌不惊人。只有走至近前时，这座巨石阵遗迹才显得神奇、壮观。千百年来，风霜雨雪在砂岩石块那些薄弱的地方，侵蚀成奇形怪状的洞孔和罅隙，显示出大自然力量的神奇。这个巨石阵创建于公元前3000～前1600年。许多石柱仍在原地兀立不倒，石柱上4000多年前人工雕琢的痕迹依稀可辨，更显人类智慧的伟大。

这些巨形方石柱能在史前的直立大石遗迹中独树一帜，主要是因为只有这些大石柱经过人工雕琢，并且搭成了一个独特的结构式样。直立的石柱顶上放着互相连接的楣石，但它们并不只是一块四边笔直的石板，每块楣石上，都小心凿出一定的弧度，拼凑起来，整个石阵合成一个圆形。直立石柱的中段较粗，形如许多古希腊庙宇的支柱，这显然是考虑到透视的效果，从下面仰望时，就觉得石柱都是笔直的。最内层那些楣石也凿成两头微尖的形状，同样也是考虑到透视的效果。

建筑物的结构与功能是紧密相连的，一座纪念性的建筑物在通常情况下都是建造者的意志和文化的体现。

英国史前巨石阵

千百年来，无数人都想破解这一跟埃及金字塔一样的千古之谜。有人认为它是古罗马人为天神西拉建造的圣殿；有人认为是丹麦人建造的用于举行典礼的地方；有人认为是远古时代的天文观测仪器；有人说它是一台巨大的电脑；有人甚至说它是供外星人飞船起降的宇宙平台；更有学者干脆认为，巨石是一种文化。古人敬仰巨石般的威猛，向往巨石般的牢固与结实，是一种古人对巨石的敬仰和尊重，是古人对心目中理想的完美垒砌……那么它究竟作何用处呢？

近年来，根据一颗从巨石阵挖掘出的年代久远的人类头骨，科学家判断，史前巨石建筑遗址在古代很可能是一个令人毛骨悚然的刑场。考古学家在这颗头颅的下颚上发现了一个细微的缺口，同时在第四颈椎上发现了明显的切痕，这表明曾有一把利剑将他的头颅齐刷刷地砍下。而且根据其单独的墓穴来看，他并非死于一场战争，而是被一柄利剑执行了死刑。

人们还曾在巨石阵及其周围发现了数具人类遗骸。1978年，一具完整的人类骨骼在围绕巨石阵周围的壕沟中被发现，这个男人是被像冰雹一样的燧石箭射死的。

由于遗址中巨大的石块和三石结构的特殊分布，每当日落时分，在岩石和周围的地面上都会产生出一些不同寻常的影子，组成各个同心圆的拱门全部都朝向太阳或星座。因此，还有一种观点认为，巨石阵最初很有可能是一个精密的天文观象台。在1000多年的时间里，经过十几代人之后，最后的建造者们对于这一建筑的初衷恐怕已经模糊了。因此，巨石阵很有可能从一个用于天文观测的场所逐渐演变成了一个纪念物或者祭祀，甚至行刑的地方。

最有意思的解释可能要数英属哥伦比亚大学的妇女学家安东尼·皮克斯了。经过多年的悉心分析和充分考证，他认为巨石阵根本就是一个巨大的生殖器象征，整个形状就是女性的生殖器官。

皮克斯说，在英国巨石阵建设的时代，生生死死对于建设者来说是一件头等大事，但巨石阵四周却没有发现任何死亡的痕迹，比如说坟墓。这是因为：“巨石阵是生命诞生的地方，是一个展望生命未来之地，没有死亡的位置。”

皮克斯认为有三点理由：①巨石阵的内圈是由粗糙和光滑的石块石柱组成。根据生物考古学家们的普遍常识，粗糙和光滑的岩石成双成对地布置在一起就是象征着男人和女人、父亲和母亲。②如果从空中观察巨石阵的话，整个巨石阵就是一个女性生殖器官。皮克斯把女性生殖器官的图片与巨石阵的连线图案进行对比，其结果是惊人地相似！③每年冬至和夏至太阳光奇迹般地直射到巨石阵的内部，这恰恰是大地之母与太阳之父亲密结合的象征。

1808年，英国著名古文物学家霍尔爵士就在巨形方石柱圆阵附近发现几座史前坟墓。霍尔还在附近找到了一副高大硕壮的男人骸骨，冥器中有一把斧头、几把匕首及一些仪式用具，其中包括一支权杖，杖头是光滑的石头，另有用骨雕成的托板。

这些辉煌夺目、金光闪闪的冥器，加上建造巨形方石柱圆阵的特殊结构，使霍尔爵士及其同时代的考古学家都相信，这些技艺一定是由外族人带来的。甚至有的考古学家认为，从冥器之丰盛看来，铜器时代的一小批外来侵略者曾经在当地定居过，并指使技艺较差的土著建立这座巨形方石柱。这些侵略者，可能来自荷马时代希腊本土上的迈锡尼。墓中的一些珍贵物品，如彩陶串珠和镶金边的琥珀圆盘，证明他们直接与爱琴海一带及间接与埃及有过贸易往来。而且，巨形方石柱圆阵那种建造方法也同样被用在迈锡尼城石门的建造上。那么，设计巨形方石柱的人，就有可能是从地中海地区来的希腊远征军。

人们甚至还认为铜器时代的侵略者，可能来自以竖立石柱闻名的埃及。比如，卡纳克就有成千上万块平行排列的大石。那一带还有大量奇特的"战士"墓集中在一起。不过，卡纳克的大石是否也是铜器时代同一民族所建立，则仍有待查证。但是用碳14放射性同位素查验法测出，巨形方石柱的年代为公元前2750年左右，似乎不是出于突然从外而来的巨大力量，而是那个地区本身逐步繁荣的结果。

巨石阵鸟瞰图

这个结果使考古学家大吃一惊。这显然证明巨形方石柱的建造结构，不可能受到来自爱琴海地区的影响，因为它比迈锡尼时代还要早上四五百年。另外，上述两个有"金光闪闪的冥器"的古墓，则比一般人所揣测的年代晚了许多。因此琥珀圆盘和彩陶串珠等舶来品，可能真的是从地中海地区换来或输入的。尤其是在公元前1900年左右以后，资源与权势都集中在爱琴海地区的那段时期，就更有可能了。

巨石阵是个谜一样的遗迹，整个英伦地区几乎遍布了1000多个这样的遗迹。它们有的是单独的一块石头；有的是巨石组成的石环；还有的是巨石构成的石室。这些巨大而高耸的石块，被竖立在荒野、在山脚、甚至在过去的沼泽地区，而共同的特色是当地并不是石场，这些石块就如同金字塔的石块一样，是从远处迁运过来的。

英国政府从1983年前开始修复令人百思不得其解的英国史前巨石阵遗址，从那时起，巨石阵已经成为英国最热门的旅游点之一，吸引世界各地的参观者慕名而来。

在没有能力建筑高楼大厦的石器时代，古人为后人留下了这么多巨大的石头建筑遗迹，同时也留给了后人猜不透、想不明的千古之谜。

世界宗教奇迹

教皇圣都——梵蒂冈城教堂

圣彼得大教堂是全世界最大的天主教堂,却位于世界上最小的国家梵蒂冈内。梵蒂冈可以说是一个国中之国,全部领地都在意大利罗马市市内。它是罗马天主教教皇的住所,面积仅44万平方米,大约只有一个城市公园那么大。圣彼得大教堂是梵蒂冈内的最高建筑,也是罗马天主教最重要的宗教圣地。它以基督耶稣的门徒彼得的名字命名。

圣彼得大教堂

彼得在跟随耶稣前是一个渔民,后来跟着耶稣一起传教。当耶稣的门徒犹大出卖耶稣,引领人来追捕耶稣的时候,彼得出于一时的胆怯,三次不认主。这种胆怯行为给他的一生蒙上了巨大阴影,他一辈子都忏悔着自己的罪行。耶稣死后,彼得把整个生命都投注到耶稣留下的事业中,兢兢业业,呕心沥血。他不辞辛苦,携众教徒从巴勒斯坦起程,西行万里,来到罗马传教,不幸被历史上著名的暴君尼禄所杀。临刑时,他留下遗言:"我比不上我的老师,请让我倒着死。"于是,彼得就被倒钉在十字架上悲壮地死去了。

为了纪念彼得,欧洲许多地方都为他设立了陵墓和教堂。公元4世纪,罗马的君士坦丁大帝在皈依基督教后,于公元325年在埋葬彼得的地方建立了一座名为圣彼得的小教堂。随着基督教势力日趋昌盛,16世纪,教皇尤里乌斯二世登基后,为了显示教廷的威势与力量,他决定拆除破旧的小教堂,在原址兴建一座宏伟壮丽、雄霸天下的新圣彼得教堂。教皇要求新教堂要摒弃已有的意大利哥特式,并要胜过所有异教徒的教堂。

教廷采取公开竞标的方式选择设计方案,画家兼建筑家布拉曼特的巨型圆顶与希腊十字形叠合的设计方案以其构思的严密精巧，式样的独特壮观，获得了教廷的青睐。公元1506年大教堂开始动工，8年后教皇尤里乌斯二世就去世了，第二年布拉曼特也去世了。他只完成了教堂中央的奠基工作以及教堂的甬道拱门等局部。新教皇利奥十世命令拉斐尔接替布拉曼特成为工程的总设计师，并要求将原来方案的希腊十字形改为拉丁长十字形。圆顶被取消，引进了一些哥特式的设计。因工程量过大、西班牙入侵、反赎罪券风潮以及拉斐尔去世，工程又放慢直至停顿了。1547年教皇保罗三世任命72岁的米开朗基罗为总工程师，米开朗基罗又恢复了原先布拉曼特设计的希腊正十字形式样，并作了一定的修正，把半球形大穹顶改为椭圆形，并精心设计了42米宽的中央大厅，四角有小穹顶衬托。但他也没有等到工程完工就去世了。之后，保罗三世将其未完成的工程委托给了卡诺·马德尔诺，他基本执行着米开朗基罗的方案，但在拱顶两边加了3个小堂，这使得整体效果大变。后来，贝尔尼尼又在马德尔诺的钟楼上添加了塔球。16世纪末，教皇保罗五世又下令在教堂正厅前边加建一个巴西利卡式的大厅。这样，整个建筑又改成了拉丁十字形。到1626年，旷日持久的重建工程终于最后完工，罗马教皇乌尔班主持了落成典礼。

从16世纪初开始动工，大教堂历时100多年，前后约有20个教皇主持，包括拉斐尔、米开朗基罗、贝尔尼尼在内的10多位文艺复兴时期的艺术大师先后参与了教堂的设计和装修工作。新建的大教堂规模宏大，气势雄伟，高达138米，在1990年非洲建起一座超过它的天主教堂以前，它一直是世界上最大的天主教堂和世界最大的圆顶建筑物。

大教堂有5座大门，每个大门都有雕刻精致的铜像及铁锁。平常只有两侧的小门供人群进出，居中的正门只有在重大的宗教节日，才能由教皇亲自开启。其他4门是圣事门、善恶门、死门及最右的圣门，圣门每隔25年才开放一次。在圣诞之夜，教皇带领教徒由此门走入圣堂，意为走入天堂。圣彼得大教堂左右两侧还有两尊巨大的石雕像，是罗马帝国的君士坦丁大帝和撒勒蒙尼大帝的雕像。

当人们步入教堂，在教堂正门靠左侧是贝尔尼尼雕塑的《圣小钵》，采用云田石雕刻而成，表现的是两个顽皮可爱的小天使各捧着一个贝壳状的圣小钵的情形，活泼生动，栩栩如生。在教堂右拐角处摆放着米开朗基罗的名作《圣殇》，创作这座雕像的时候，他只有24岁。雕像展现的是圣母玛利亚抱着受难后的耶稣基督的情景。玛利亚双眼低垂，左手微微摊开，右手搂着遍体鳞伤的耶稣，无限疼惜、无限悲痛地凝视着自己亲爱的儿子。作者赋予圣母以凡胎肉体的人间母亲的形象和感情，她非常年轻美丽，神态宁静安详，只是在眼角、眉心和似乎颤动的手臂中流露着隐隐的哀伤。米开朗基罗将母亲失去儿子的悲痛与无奈和对上帝虔诚的信赖与顺从感在作品中刻画得淋漓尽致，洋溢着一种静谧而又圣洁的美，人们称其为整座教堂中最优雅的雕塑作品，是教堂的"镇堂"之宝。

在圣母玛利亚雕像的上方立有一座十字架，天花板上铺陈着一幅壁画，这是教堂内唯一直接画在天花板上的，其他所有的绘画都是用马赛克瓷砖绘制后再镶嵌完成的。

圣彼得大教堂入口门厅横向展开，内接纵向的中厅，至此，进入到圣彼得教堂的内部，这里简直就是一座金碧辉煌、流光溢彩的艺术宝库。它气势恢弘，富丽堂皇，可容纳几万人。彩色的大理石墙面光滑锃亮，屋顶和四壁都饰有以《圣经》为题材的绘画和雕像。中厅高约46米，西端是一个圣坛，圣坛上方刻着两米多高金光闪烁的字母，人像更是高大至4到6米。在圣坛四角，由四个边长18米的墩座支撑起一个巨大的穹顶。抬头仰望，就仿佛立于天穹之下，高旷而肃穆。从教堂底乘电梯可升至穹顶。穹顶很大，直径有42.32米，周长71米，内部顶点高123.4米，可容纳10多个人站立。穹顶的十字架顶尖距地面高达137.8米，是罗马城的最高点。穹顶的四周内壁上饰有色泽鲜艳精美动人的镶壁画和玻璃窗。站在穹顶里，整个罗马城尽收眼底，人仿佛与浩渺的宇宙连为一体。这个大圆顶被公认为是人类历史上绝无仅有的不朽之作。

在大穹顶下方是圣彼得大教堂的主体部分。贝尔尼尼的杰作——青铜华盖就被置于米开朗基罗宏伟的穹顶之下，这是贝尔尼尼用了9年时间建造而成的巴洛克式建筑。在金色耀眼的光芒中，显得活泼而又不失庄严，如同有人评价所说，贝尔尼尼的作品最伟大的地方在于它总赋予空间以新的意义，他在创作中总是善于利用强烈的光源来帮助自己表达作品的主题，完善作品的内涵。这个巨大的青铜华盖高29米，用4根由黑色和金色装饰而成的螺旋形大铜柱支撑。柱上饰以金色的葡萄枝和桂枝，枝叶间攀附着无数小天使，许多只金色的蜜蜂点缀其间，金光闪烁。华盖四周金叶垂挂，波纹起伏，似随风飘舞。华盖之内有一只展翅飞翔的金鸽，光芒四射，耀人眼目。

阿诺尔福·迪·坎比奥于13世纪创作的圣彼得青铜像屹立于四大巨柱下，走过他面前的人们都会亲吻他的右足而祈求得到圣人的庇佑，所以，他的右足更换了好几次，现在又已被磨得锃亮。

华盖下方是一座祭坛，点缀着大理石雕塑和黄金饰物，只有教皇本人才可以进入这座祭坛，向朝圣者做弥撒诵读。再下面就是圣彼得的陵墓，在坟墓的上方有着彩色玻璃做的鸽子。墓前放置的是由新古典主义雕刻家卡诺巴做的教皇庆典像。在陵墓前面栏杆上点着数十盏长明灯昼夜不灭，象征着基督教的光辉永不磨灭，也同时表示对圣彼得的深深敬意。圣彼得大教堂里面有50座教宗的圣坛及册封圣者的雕像，跟许多其他的大教堂一样，雕像底下的地下室即安放着这些人物的遗体棺椁。这一带灯光摇曳，布幕低垂，更增加整个中殿的神秘而安静的宗教气氛。

在中殿的尽头，是被称为"巴洛克艺术之父"的天才雕塑家贝尔尼尼的另一杰作——一件镀金的青铜宝座，被称为彼得宝座。它充分表现了贝尔尼尼丰富的想象力和天才的艺术直觉。宝座上方是光芒四射的荣耀龛及象牙雕饰的木椅，椅背上有两个小天使，手持开启天国的钥匙和教皇三重冠。传说这把木椅是圣彼得当年使用的坐椅，不过，历史学家的考证，认为是卡洛林王朝的查理二世登基受封时所使用的坐椅，9世纪由查理二世捐赠给圣彼得大教堂的。在其背后上方，是精美的"圣灵"像。

从这里转往右侧的长廊，首先映入眼帘的是罗马帝国利奥大帝的墓穴，以及贝尔尼尼的最后一件雕像亚历山大七世，当时贝尔尼尼已经80岁了，但仍然表现出令人惊叹的卓越的创造力。这个长廊还摆设着许多其他的雕像，也是名作集萃。此外，长廊里还有告解室、忏悔室，可以举行小型的宗教仪式。

教堂前面是一座巨大的椭圆形广场，名为圣彼得广场，它是1655～1667年，贝尔尼尼受教皇之托，在教堂前加建的。圣彼得广场长340米，宽240米，是典型的巴洛克风格。它可容纳50万人，是罗马教廷用来举行大型宗教活动的地方。它与大教堂原有的梯形广场合在一起，与后面的教堂连成一片，气势宏伟，极为壮丽。广场的设计是完全按照罗马天主教廷的要求，将富丽豪华的世俗化装饰纳入到宗教艺术中来。圣彼得广场是主体建筑与广场紧密结合的典范，其精美与气势都是同时代和后代同类建筑难以企及的。

圣彼得大教堂规模宏伟巨大，装饰精美华丽，其巧妙繁复令人目不暇接。它朴实文雅的外形，与内部金碧辉煌的璀璨形成鲜明的对比，遍及堂顶、墙壁、石柱的浮雕与雕像及色彩斑斓的图案令人眼花缭乱。

佛祖之诞——佛祖诞生地兰毗尼

在尼泊尔南部鲁潘德希县，有一个叫兰毗尼的地方。传说佛祖释迦牟尼，于公元前623年生在兰毗尼一座著名的花园，这里不久就成了朝圣之地。早在1500多年前，中国高僧晋代法显就取道新疆，渡流沙，越葱岭，经印度来到兰毗尼，成为访尼外国人士中有真实记载的第一人。唐代名僧玄奘在公元633年也曾到此瞻礼取经。现在的兰毗尼已经成为世界著名的佛教圣地，同时由于它是佛祖的诞生地，所以形成了遗迹考古中心。

兰毗尼遗址

在梵文里兰毗尼是"可爱"的意思。兰毗尼原为古代天臂国善觉王夫人兰毗尼的花园，现在的兰毗尼是个不大的村庄，绿树成荫，景色秀丽，有许多与释迦牟尼有关的历史遗迹。这里有一座白色方形建筑，是两层石砌的平台，在浓郁茂盛的树木衬托下，十分庄严肃穆。这就是玛雅黛维女神庙，也称摩诃摩耶夫人庙，玛雅黛维是北天竺迦毗罗卫国（今尼泊尔境内兰毗尼附近）净饭王的妻子，相传公元633年尼泊尔阴历正月的望日，她在回娘家的路上来到兰毗尼花园，在一株巨大的娑罗双树下休息的时候生下了乔达摩·悉达多，即后来闻名世界的佛教始祖释迦牟尼。

兰毗尼位于印度平原的南部，四周掩映着森林树木。兰毗尼的人们相信佛祖的母亲之所以选择了兰毗尼是因为这里的环境宁静祥和。尽管兰毗尼附近没有什么城市，人口也不多，但这里仍计划有大的发展：修建花园、植树建渠、增加膳宿设施，甚至还要新建一个图书馆。游人和朝圣者在这里吃住都很方便，由日本人负责兴建的豪华型酒店更为不同消费者提供了更多选择。游客们可以乘飞机去往派勒瓦，当然也可坐公共汽车，或是租一辆吉普或三轮车去那儿。派勒瓦与加德满都（尼泊尔首都）之间还有固定通车。后人在释迦牟尼出生处建造了这座别具一格的玛雅黛维女神庙，现庙内供奉着女神石雕像，右手攀把着娑罗双树的枝干，新生的婴儿悉达多端立在近旁的莲台上。

在玛雅黛维女神庙旁有一口数十米的方形水池，明澈如镜，相传是女神沐浴和释迦牟尼幼年时代洗澡的地方。池边长着一棵娑罗双树，树身粗大，原树在法显著作中曾有记载，唐玄奘来此取经时已经"枯悴"，可见现存此树是后人补种的。

印度君主阿育王就是朝圣者之一，他是虔诚的佛教信徒，不仅下令免除了佛祖诞生地附近的所有苛捐杂税，佛教书上还记载阿育王在佛祖诞生的确切地点上立了一块石碑作为标记，并以示纪念。最近考古学家才在一个七层砖垒起的平台上发现了该纪念石，它埋在神殿旧址下面5米处，1993年在掘进开路时被毁坏。阿育王还于公元前250年在此立下一个纪念自己的石柱，阿育王石柱柱高 6 米，有一半埋在地下。

阿育王石柱

阿育王石碑也因此成为兰毗尼最重要的历史文物。庙南有后人建的佛塔和佛寺，寺内有释迦牟尼的巨大塑像。佛堂的墙壁上绘有反映释迦牟尼生平的五彩缤纷的壁画。此外，兰毗尼还建有文物馆和马享德拉纪念碑等。

佛教和基督教、伊斯兰教是世界上三大宗教。佛教的传播很广，尤其在南亚、东南亚和中国。兰毗尼是佛教徒朝拜的圣地。几千年来，兰毗尼吸引着尼泊尔和世界各地的佛教徒，至今每年仍有成千上万的人，长途跋涉，来到这里寻觅佛迹和参谒佛祖降生地。兰毗尼每年都在尼历正月释迦牟尼诞辰日举行盛大的庙会，当地人将佛祖像放置在一辆装饰华丽的木轮大车上到处巡游，佛徒们云集在此朝觐。寺庙中经声不绝，香烟缭绕。兰毗尼不仅是尼泊尔的骄傲，也成为世界著名的旅游胜地。

难及典范——帕特侬神庙

帕特侬神庙是举世闻名的世界七大奇迹之一。它建于古希腊最繁荣的古典时期，以无与伦比的美丽和谐、典雅精致，表现了古希腊高度的建筑成就和艺术神韵，达到了古典艺术的巅峰，被人公推为"难以企及的典范"。

帕特侬神庙是雅典卫城中的建筑。卫城原意是国家统治者的驻地，是建在高处的城市，用以抵御敌人的要塞。公元前480年，卫城被波斯人焚毁。希腊人在取得对波斯的胜利后，决定重建卫城。

雅典卫城雄踞在雅典城中央的一个山冈上，布局自由，高低错落，主次分明，突出表现了希腊建筑在空间安排上的一个重要原则，即建筑的每一部分，无一是直接的裸露，均以某个角度的透视效果呈现。希腊的建筑家把一个个本身结构呈现完美对称的建筑物，依傍地势上的落差，在空间上以不对称、不规则的方式进行排列。在西方建筑史中被誉为建筑群体组合艺术中的一个极为成功的实例。

雅典卫城主要由供奉女神雅典娜的帕特侬神庙、供奉海神波塞冬的厄瑞克忒翁神庙和供奉胜利女神的胜利女神庙构成。它们相互各成一定角度，创造出变化极为丰富的景观和透视效果。当人们环绕卫城前进时，可以看到不断变化的建筑景象。这其中,最有代表性的就是位于卫城最高点的帕特侬神庙。

帕特侬神庙

"帕特侬"在古希腊语中是"处女宫"的意思。因为它祀奉的雅典娜女神是处女,所以又称为"雅典娜处女庙"。雅典娜是希腊神话中的战神和智慧女神,是雅典城邦的守护者。雅典人相信是雅典娜保卫、拯救了他们的城市。

神庙建造时,雅典人正沉浸在希波战争胜利的狂欢中,国民热情空前高涨,他们怀着极大的热情,建造起这座艺术丰碑。帕特侬神庙主要是希腊自由民的创造,他们规定在建筑工地上劳动的奴隶,不得超过总人数的1/4。神庙就是在这种社会文化背景下建造的。

帕特侬神庙建在一个长为96.54米、宽为30.9米的基面上,下面是三级台阶,庙宇东西长70米,南北宽31米。四面是由雄伟挺拔的多利克式列柱组成的围廊,肃穆端庄,高贵大方,有很强的纪念性。神庙正面打破了以往使用6根圆柱的惯例,用了8根石柱,以显国家的雄风。两侧各为17根列柱,每根高10.43米,柱底直径1.9米,由11块鼓形大理石垒成。柱子比例匀称,刚劲雄健,又隐含着妩媚与秀丽。雅典人以惊人的精细和敏锐对待这座神庙:柱子直径由1.9米向上递减至1.3米,中部微微鼓出,柔韧有力而绝无僵滞之感。所有列柱并不是绝对垂直,都向建筑平面中心微微倾斜,使建筑感觉更加稳定。有人做过测量,说这些柱子的向上延长线将在上空2.4千米处相交于一点。列柱的间距也不是完全一致,间距在逐渐减小,角柱稍微加粗,使因在天空背景上显得较暗因而似乎较细的角柱获得视觉上的纠正。所有水平线条如台基线、檐口线都向上微微拱起,山面凸起60毫米,长面凸起110毫米,以校正真正水平时中部反觉下坠的感觉。这样,几乎每块石头的形状都会有一些差别,正好矫正了视觉上的误差。建造者必须拥有极其认真的工作精神和高昂的创造热情,才能完成如此繁杂而精细的处理。

神庙的檐部较薄,柱间净空较宽,柱头简洁有力,洗练明快。神庙顶部是两坡顶,顶的东西两端形成三角形的山墙,上面的连环浮雕,现存大英博物馆,表现的是雅典娜的诞生以及她与海神争夺雅典城保护神地位的竞争。环绕神殿周围的浮雕板,刻画了半人半马的肯陶洛斯人与拉庇泰人的战争。神庙的饰带浮雕,记载了每4年一度的为女神雅典娜奉献新衣的盛大宗教庆典中的游行队伍:长长的马队疾驰向前,矫健的骏马、健美的青年都生机盎然,充满着节日的喜悦。这些浮雕精美细腻,栩栩如生,仿佛能让人感受到当年雅典卫城节日的兴奋,能聆听到游行队伍的马蹄声和喧闹声,看到众神在奥林匹斯山上俯瞰雅典,接受雅典人的感恩祭祀的情景。这些浮雕曾经涂着金、蓝和红色,铜门镀金,瓦当、柱头和整个檐部也都曾有过浓重的颜色,在灿烂阳光照耀着的白色大理石衬托下,鲜丽明快。

神殿的内部分成正厅和附殿。正厅又叫东厅,厅内原本供奉着著名雕刻大师菲迪亚斯雕刻的雅典娜神像。据载,雅典娜女神身穿战服,高达12米,象牙雕刻的脸孔柔和细致,手脚、臂膀细腻逼真,宝石镶嵌的眼睛炯炯发亮。她戴着黄金制造的头盔,盔上正中央是狮身人面的司芬克斯,两边是狮身鹫嘴有翅的格里芬。胸前的护心镜上装饰着蛇发女妖美杜莎的头。长矛倚在肩上,刻着希腊人与亚马逊人之战的盾牌放在一边,右手托着一个黄金和象牙雕制的胜利女神像,英姿飒爽,威风凛凛。西门内是附殿,贮存财宝和档案。

整个庙宇最突出的是它整体上的和谐统一和细节上的完美精致。神庙的建筑建立在严格的比例关系上,反复运用毕达哥拉斯定理,尺度合宜,比例匀称,反映了古希腊文化中数学和理性的审美观,以及对和谐的形式美的崇尚。整个结构中,几乎没有一根直线,每个布局表面都是弯曲、锥形的,或隆起的,这使人们在观察它的外形时,不会因直线产生错觉而影响对和谐与完美的感受。

在帕特侬神庙里,有一些极为伟大的雕塑品,装点在不同的位置,共同构成美妙无比的景观。原来位于东山墙的"三女神",就是一件不朽之作。据说雕像的设计者是雅典最著名的雕塑家菲迪亚斯,他是伯里克利的密友,协助他兴建了许多工程,帕特侬神庙就是他担任总监。

帕特侬神庙遗迹

"三女神"在古代希腊的神话中,极富神秘色彩。她们是宙斯和夜神所生的女儿,一个专职纺织命运之线,一个分配命运线的短长,第三个负责切断人的命运之线。现存的遗迹已经毁坏得很严重,头部和上肢都不见了,其他部位,包括衣纹也有不同程度的损伤,但留下来的身躯,却依然显示出惊人的美。雕刻家菲迪亚斯为了能充分利用山墙的空间,巧妙地安排了三人的姿势,一个高高端坐,一个蜷腿席地而坐,另一个斜倚在同伴身上,显得生动和谐,虽精心设计却不显有意雕琢的做作,轻松自如,令人赏心悦目。菲迪亚斯认为"神人同形同性",因此,他把命运三女神刻画为三个丰满动人的年轻女性。他以高超的技艺为我们塑造出一幅不朽的形象。三个依偎的女神身上柔软地裹着希腊式的宽大纱衣,纱衣是那样的轻柔薄细,像被海水打湿了一样紧贴在身上,隐隐透出女神各自不同的体态,或起或伏,或皱或舒,或叠或平,若隐若现,朦朦胧胧,构成一种极富魅力的绝妙线条,栩栩如生、淋漓尽致地呈现出女神们玲珑迷人的身躯,给人带来无限遐想和美妙的享受。这些石头仿佛已被赋予了生命,在细密的衣褶下,似乎还能感到她们呼吸的起伏、肉体的温暖,我们不能不为菲迪亚斯的鬼斧神工而惊叹。难怪古代罗马人曾说没见过菲迪亚斯的神像可谓枉活一生。

20世纪著名的建筑大师柯布西耶在游历过帕特侬神庙后,叹为观止。他是这样描述的:它有可怕的超自然力量,使得方圆数里范围内的一切,均为之碎裂。

这座神庙自建成以来,历经了2000多年的沧桑变化。在公元426年,希腊城邦衰亡后,神庙被改作基督教堂。到了土耳其统治时期,它又变成了伊斯兰教的清真寺。一直到17世纪中叶,帕特侬神庙还保存得相当完整,但在1687年,当土耳其和威尼斯交战时,威尼斯人的一颗炮弹打进了被土耳其人充作火药库的神庙内,把庙顶和殿墙全部炸塌了,神庙毁于一旦。而到19世纪初,英国驻君士坦丁堡的大使埃尔金竟雇用工匠,把神庙内雕刻着雅典娜功业的巨型大理石浮雕劫走。这批稀世之珍,有些在锯凿过程中破碎损毁,有些因航海遇难而沉入海底。幸存的残片现陈列在英、法等国的博物馆里。

虽然帕特侬神庙现在只剩下一片断壁残垣,但神庙巍然屹立的柱廊,依然鲜活地传达着高贵典雅、简约庄严的美感,仍然可以使人们深切地感受到神庙当年的风姿。

奥妙神庙——马耳他岛巨石庙宇

地中海上的马耳他岛,位于利比亚与西西里岛之间。1902年,在首府瓦莱塔一条不引人注意的小路上,发生一件引起世人轰动的大事。有人盖房时在地下发现一处洞穴,后来人们才知道,原来这里埋藏着一座史前建筑。它由上下交错,多层重叠的多层房间组成,里边有一些进出洞口和奇妙的小房间,旁边还有一些大小不等的壁孔。中央大厅耸立着直接由巨大的石料凿成的大圆柱和小支柱,支撑着半圆形屋顶。整个建筑线条清晰，棱角分明，甚至那些粗大的石架也不例外，没有发现用石头镶嵌补漏的地方。天衣无缝的石板上耸立着巨大的独石柱，整个建筑共分3层，最深处达12米。后来人们才知道这座史前建筑是一座神庙。

马耳他巨石庙遗址

马耳他巨石庙亦称为"马耳他巨石文化时代的神殿"或"属于巨石文化时代的马耳他的神殿"，是马耳他在戈佐岛等地的著名历史古迹。在众多的神殿中，尤以杰刚梯亚神殿和哈格尔基姆神殿闻名于世。其中杰刚梯亚神殿是现存世界上最古老的神殿，其建筑结构之复杂，工艺之精湛，堪称奇迹。

杰刚梯亚神殿形成于公元前24世纪以前，是马耳他神殿中最著名的神殿，它面向东南，背朝西北，用硬质的珊瑚石灰岩巨石建成，是属于新石器时代晚期的古迹。杰刚梯亚神殿的庙宇大门和墙壁都是用巨石垒成的，庙外至今散落着曾经用来搬运这些巨石的滚石球。神殿外墙的最后部分所用的石材高达6米，最大的巨石重达几十吨。在那久远的年代，人们就能用原始工具将这些巨石用于建筑之中。如何将这样巨大的石块运送到工地，至今还是一个不可思议的奇迹。神殿的内部装饰使用的是软质石灰岩。神殿最早只有南庙后部的3个穹顶，公元前2200年左右又增建了两个小穹顶。美观典雅。

大门内的宰牲台，凿有盛血的坑穴，据说是用来祭神的。一条走廊从大门处延伸至内殿，两对相对称的半圆形配殿分列在走廊两边，形成一个完整的建筑体系。各殿内均设有神龛，还供奉有妇女的石雕像，她们体形肥硕，象征生育旺盛的大地之母。各殿中的石雕神像都没有头部，专家推断，可能由于头部是用木雕成的，现在已经腐朽风化，故荡然无存。

到目前为止，马耳他群岛上已发现了30座神殿。除杰刚梯亚神殿外，还有5座神殿于1992年被扩展为世界文化遗产。其中的哈格尔基姆神殿，坐落在马耳他群岛南部的克雷蒂，建筑年代晚于杰刚梯亚神殿，因而技术更先进，巨石之间吻合得天衣无缝，令人叹为观止，是当时建筑技术的极品。在该庙宇中的很多石头的位置都被精心地调整过，其中一块长达660米用做铺路石的大石板，是马耳他群岛中最令人瞩目的巨石块。

传说哈格尔基姆是"大石头"的意思，因为在神庙中有一块状似烟囟的大石头。神庙有很多门,均由完整的大石头搭成,石上有雕刻和一些古代的书写符号。

在戈佐岛,有2个"詹蒂亚"庙宇。"詹蒂亚"在马耳他语中是"大得惊人"的意思。两个庙宇中较大的一个包括3个苜蓿形状的房间,大约有30米宽。其中最大房间的前院有一个石圈,大概是用来做仪式的炭盆。在后部,有一个桌子状的结构,至于它的用途,人们尚不得知。

戈佐岛为马耳他群岛的第二大岛。主要城镇维多利亚在该岛中部,巨石神庙废墟位于城东。建于5500年以前的马耳他巨石庙,是世界上最老的不需支撑的石头结构。尽管被列入权威的世界遗产目录之中,但是,几乎无人知晓的是:存在于这里的史前自立石头结构远比埃及的金字塔要古老得多。

布列塔尼东南数千千米,沿着巨石文化时代留下的圆弧遗迹,在马耳他群岛的岛屿上,以及在马耳他和戈佐岛屿上,都可以看见巨大的岩石结构,这些岩石结构堪称巨石文化中最为复杂、结构最为奇特的古代岩石建筑。该建筑属于纯粹的土著文化,迄今为止,它们没有掺杂一点外部文化。最初,这些建筑物被用做葬礼仪式举办之地,但后来,人们在此建立了专门进行朝圣的地方。

在姆纳耶德拉,马耳他岛屿的海岸线上,有3个庙宇废墟形如船只的残骸。三个庙宇的房顶都遭到了破坏,其建造模式是根据废墟推断出来的。其中一个庙宇的围墙被建筑成托臂的模式,每一块巨石都叠放在前一块巨石的上面,最终形成了圆屋顶的结构,顶端盖着一整块石头。另一个庙宇中巨大的石灰石由很大体积的泥土支撑着,然后被更大的巨石墙所支撑。

七首神龙——柬埔寨吴哥窟

柬埔寨暹粒市吴哥城南郊的吴哥窟(亦称吴哥寺),是世界上最大的宗教建筑,占地2440余亩,建于公元1113~1150年间,是高棉王朝苏鲁亚巴尔曼二世为祭祀"保护之神"毗瑟拿而建造。是用砂岩石砌成,周围有石砌内、外墙各一道。主殿建在187米×215米的三级台基上,殿上有尖塔5座,其中中间的一座最高,塔顶距地面65米。吴哥窟是吴哥王朝最盛时期的象征。据记载,公元1357年时,僧民多达90000人。1431年,高棉王朝因战争失利和疾病流行而不得不放弃了吴哥地区。

吴哥窟

吴哥是柬埔寨古都，从加亚巴尔曼二世（公元802～850年）统一了高棉之后，就开创了吴哥时代。历代王朝都为自己兴建了一座座华丽的殿堂寺院，9～13世纪在吴哥建筑了约100座寺院。这里，共有各式建筑物约600座，散布在大约45平方千米的丛林榛莽中。它的全部结构都是用巨大石块垒砌而成，有的石块重逾8吨。它凝聚着伟大的柬埔寨劳动人民的智慧和心血，与我国的长城、埃及的金字塔、印度尼西亚的婆罗浮屠，并称为东方四大奇迹。

11世纪是吴哥之花盛开的时期，国王苏鲁亚尔曼二世营建了吴哥窟，使吴哥文化达到顶峰。他的继承者乌达亚迪提巴尔曼一世（公元1050～1068年）大造婆罗门寺院帕普恩，这是一种以极长的圆柱平顶屋为通道的大寺院，据说塔的上部镶有青铜。

在吴哥窟的寺院建筑内，到处用美丽的浮雕及石像雕塑来加以装饰。不但有印度式的装饰，甚至还有与西亚相同的卷叶装饰，以及可能是受中国影响的圆纹唐草纹样。阿普撒拉——天上舞姬的浮雕，十指柔美，风姿绰约，细腰围着华美的腰布，而面容体态，既不像圆胖的印度式，也不似丰满的爪哇型，颇像我国人的形貌。特别引人注目的是第一回廊（最外侧）壁上镜石板的浮雕。全长760米，主题取自印度"拉玛亚那故事"及"马哈巴拉塔故事"，其中精彩之作是长50米的镜石板大浮雕"乳海的搅乱"，上刻有众神及阿修罗们协力齐心、拼命制造不死灵药——阿姆利他之图。南边回廊是死神亚玛的"审判人类"，亦即所谓极乐与地狱的浮雕，全长66米，绘声绘色，动魄惊心，也是不容忽视的杰作。

吴哥建筑群的南面，便是金边湖。一片烟波浩渺，满眼气象万千。大湖的四周，环列着马德望、暹粒、磅清扬和磅通四座名城，好像四颗晶莹的宝石，镶嵌在大摇篮的边框之上。可惜的是，吴哥窟的主神毗瑟拿神像，很早以前就不知去向，却在回廊一侧放上一些不算珍品的佛像。因而有些人便把这个婆罗门寺院误认为是佛教寺院。

如来之诞——印度阿旃陀石窟群

"阿旃陀"一词来源于梵文，意思是"无想"、"无思"。阿旃陀石窟是印度古代佛教徒开凿出来的佛殿和僧房，位于印度马哈拉施特拉邦北部文达雅山的悬崖上。

石窟开凿的年代是孔雀王朝时期，当时的阿育王将佛教定为国教。虔诚的佛教徒便找到了这个景色秀丽的深山幽谷，作为敬奉佛祖、修身养性的地方。石窟的开凿和兴盛大约持续了将近1000年，后来便逐渐荒废，被人遗忘。公元638年，中国唐代高僧玄奘到南印度摩可剌陀国，在《大唐西域记》中记载了阿旃陀石窟的全貌，这是截至目前发现的对阿旃陀石窟最早的文字记载。

公元1819年英国军官进山狩猎时无意中发现阿旃陀石窟。从此阿旃陀又奇迹般地闻名于世，重放异彩。阿旃陀石窟的庙宇佛殿是南亚佛教石窟建筑中最精美的榜样。窟内饰有一系列精美的雕刻和壁画，描绘了佛教的传统故事。它们给人们提供了一个研究早期佛教建筑发展的独特机会，因为这个时期大多数的其他建筑都是木制的，而且早已不复存在。

阿旃陀石窟

阿旃陀石窟共有30个，刻在巴哥拉河上方峡谷的悬崖峭壁上。工程分两期完成。第一期是在公元前2～前1世纪之间，第二期是在公元5～6世纪。石窟距谷底30米，最初从谷底到石窟，可以攀爬石梯而上。

石窟建筑可分为塔殿与寺院两大类，两类建筑上都饰有丰富的雕刻与壁画，描绘了佛陀、菩萨、觉悟了的人物，以及佛陀的生平大事和佛本身的故事。五座佛塔的正面布满浮雕，入口处上面是一个马蹄形的窗户。塔殿内有一间中央堂室，天花板为拱形，半圆形的后殿四周是廊柱隔开的环形边廊。建筑的中心是一座佛塔，它位于后殿的中央。寺院是石窟的第二类建筑，其规模要比塔殿大得多。6号洞甚至分为上下两层，有楼梯相连。每座寺院都有一个礼佛大厅，旁边是起居厢房，后来的建筑里还有佛龛。

尽管两类建筑都刻在悬崖上，但它们都按照木制建筑的特点来雕塑拱肋和横梁。阿旃陀大多数石窟修建于法卡塔卡王朝统治期间，这个王朝在公元5世纪和6世纪时管辖着西部德干的大部分地区。法卡塔卡的君主们自己信奉婆罗门教，但阿旃陀石窟的佛教建筑的修建者则是大臣、妻妾、臣民以及过往的商贾和香客。因此在有些洞窟的铭文中记录了重要人物的捐资状况。

科学家对六座没有竣工的洞穴的情况进行了研究，分析了洞窟最初的修建步骤。其具体步骤是：选择一块柔软粗糙并且没有明显裂缝的玄武岩崖壁，然后刻出正面轮廓，再用铁器开凿。首先凿出天顶，接着从上往下开凿，这样就不需要搭脚手架。在往下开凿的时候，先凿出长长的工作通道，然后留出内墙隔开的几排立柱，等待以后再凿。修造寺院的时候，先是凿出中央大厅，然后再凿供起居用的厢房。一旦粗凿完工，便可开始精雕细凿。但是很可惜，许多洞窟都没有完工。据说有些洞窟用了100多年才竣工，如修2号洞窟，就需要挖出350立方米以上的硬石。在新凿出的殿堂的粗糙表面，厚厚地涂上了一层黏土、粗砂、蔬菜纤维、砻糠和草的混合物，然后刷上稀石灰，再绘上精美繁缛的壁画。壁画轮廓用木炭勾勒，先绘背景，再精绘前景，所用颜料都是加工磨碎的天然材料，再用动物胶黏合。人们用赭石绘红色与黄色，高岭土绘白色，灯烟绘黑色，天青石绘蓝色。建成后的阿旃陀既是僧人居住的寺院又是佛教活动的中心，虽然它位于偏僻之处，但仍然吸引了大批的香客，其中不乏富有的地方官、朝廷命官。

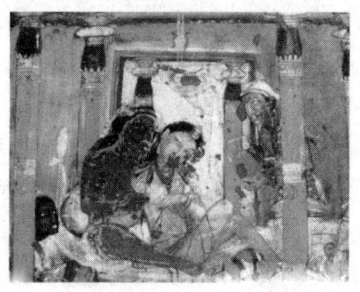

阿旃陀石窟壁画

阿旃陀石窟内精美的壁画是举世瞩目的画廊瑰宝，它们上下纵跨千年，堪称印度壁画之冠。由于年代久远，价值最高、名声最大的满壁彩绘大多剥落或损坏，仅有部分保存下来。壁画的内容主要是宗教性的，题材直接取自佛经，内容描绘了佛陀成佛前修行的故事，表现了佛陀的降生、出家、成佛、降魔、宣法和涅槃；也有宣扬宗教哲理的美好神话；还有描写当时印度社会生活和宫廷生活等情景。

内容十分丰富，构图复杂而又和谐紧凑，笔调活泼，人物体态匀称，表情生动。不仅具有极高的艺术价值，同时也具有重要的史料价值。

由于石窟内光线暗淡，壁画只能用灯照亮才能看到，这些壁画被用来教导俗民与年轻僧侣们学习佛教传统文化，使他们做好生死轮回的准备，力求死后能够升天，并且进入壁画所绘的极乐世界，那里有森林、城池、宫殿和天堂。

千佛石塔——印度尼西亚婆罗浮屠寺庙群

婆罗浮屠是一座位于印度尼西亚中爪哇省的一座大乘佛教佛塔遗迹，距离日惹市西北40千米，是9世纪当时世上最大型的佛教建筑物。它是作为一整座大佛塔建造的，从上往下看它就像佛教金刚乘中的一座曼陀罗，同时代表着佛教的大千世界和心灵深处。

婆罗浮屠大约于公元842年间，由当时统治爪哇岛的夏连特拉王朝统治者开始兴建。"婆罗浮屠"这个名字的意思是"山顶的佛寺"。后来因为火山爆发，使这佛塔群下沉、并隐盖于茂密的热带丛林中近千年，直到19世纪初才被清理出来。

婆罗浮屠是一座由100万块火山岩石块砌成的高大的寺庙建筑。整个

婆罗浮屠外景

佛塔是实心的，没有梁柱和门窗。经过历年的风吹雨打，雷轰电击，地基已大幅下沉，从底层至塔尖的高度，由原来的42米，已下降到31.5米。整个建筑动用了几十万名石材切割工、搬运工以及木工，费时70～80年才建成。

在婆罗浮屠基座之上，为正方形塔层，边长大约120米，每边没有严格保持直线形，而是分5段，边缘都向外突出，打破了生硬的5层方形直角状基座。这样也许是试图用建筑风格来打破香客绕行时所产生的单调感觉。塔层高4米，由下而上逐层缩小，在边缘的地方形成过道。第1层方形塔层离地面边缘约7米，其余每层平台依次收缩2米。每边中央有石级直通方形塔身顶上，方形塔层之上又有3层圆形基座，层层收缩，直径分别为51米、38米和26米。每个圆形塔层都有1圈钟形舍利塔环绕，共计72座。

圆形基座中心矗立着主要的大佛塔，高约7米，直径10米左右，里面坐着一尊佛像。3层圆形基座上各有1圈空心的小佛塔，共72座，壁上有方孔，可以看到里面有和真人大小相近的跌坐佛像，按东、西、南、北、中几个方位做"指地"、"禅定"、"施予"、"无畏"和"转法轮"5种手势。因为是镂空的，这72座小佛塔被称为"爪哇佛娑"。

在五层方形的塔层侧壁上，沿着过道，筑有432个佛龛。每个龛内都有1尊佛像，坐于莲花座上。在塔层的侧壁和栏杆处，还有2500幅浮雕，其中1400多幅是关于佛本身故事的，另外1000多幅一部分是关于现实生活的各种场景，如捕鱼、种田、打猎、嬉戏等，还有一部分则是些山川风光、花鸟虫鱼、飞禽走兽、瓜果蔬菜等。

浮雕总体来说宣扬的是因果循环、善恶报应的思想。雕刻风格受印度笈多王朝（公元320年～600年）佛教雕刻的影响。如果把浮雕里的画首尾连接起来，其总长可能达到1.6千米。在它们被永久地埋藏以前，有些雕刻工作才刚刚完成，有一块浮雕上面还刻着工匠的铭文，人们甚至可以看到建造者书写时的潦草和漫不经心。

几个世纪以来，到这里参观的信徒络绎不绝。登临这座建筑，按顺时针的方向沿台基而上，到达顶部需要走5千米的路程。首先到达的是塔底，它的四周有一堵巨大的防护墙，也许是在建造佛塔时用来支撑佛塔的。防护墙掩盖了真正的基石，上面饰有160幅浮雕。这些"看不见的"浮雕描述了人类无法摆脱的欲界。第一层平台开始有走廊。走廊必须按顺时针上行,这是为了尊重宗教仪式上的绕行。走廊的墙上有1300幅浅浮雕,全长2500米。描述的是色界。在这一阶段,人虽已摒弃了各种欲望,但仍然有名有形。

当走完五层代表色界的方形塔身后,一直被栏杆阻挡的视野在这里突然开阔了,人们便进入无色界。此时有一种超凡脱俗、四大皆空的感觉。从大地到天空,从有形到无形,这种过渡自然而平和。到达顶部时,突然让人感受到了佛光的产生,光芒四射。人们在经历了佛的一个又一个理论,从"欲望天"一直到达"有形天"时,仿佛从平常的世俗社会上升到涅槃的境界,使灵魂得以升华。

婆罗浮屠声名远扬,不仅因为它的规模宏大,而且含义相当复杂。寺庙的每一层四周都有一条通道,由大约1460块经过雕刻的石板建成,还有400多尊宣讲佛教教义的佛像。寺庙的顶部有一座宝塔,代表最后进入涅槃境界。对于佛教信徒而言,婆罗浮屠是佛和人类互相联系的建筑。

佛塔主要结构由这个塔底和建在塔底上的5层方台组成。上部结构由3个圆台组成。其中塔底代表欲界,方坛代表色界,三个圆坛和圆顶塔代表无色界。这一分层式的建筑形式本身就象征着通过修行直至终成正果的全过程。事实上,婆罗浮屠显示着一条通往智慧的道路,它代表着佛教的宇宙观念。还有一种说法是,塔底加上5层方台,3层圆台共10层。人们相信,这个数字代表着10个境界,积德行善最后修成正果的10个阶段。

婆罗浮屠的方台上有432个佛像,在上部的同一圆心的平台上有72个佛像,这些数字不只是一种巧合。由于阶梯把每一圈佛像平分为4组,因此,佛像的总数也就是432和72之和,且除以4以后得到的每一组数字——108和18,可以被3和9整除。就是说,整个建筑显然被设想成数字3的函数,这象征着统一和3的平方——9,而9是佛教中的一个神秘数字。这一切无不显示出古代印尼人民的伟大智慧。

婆罗浮屠的名字是和神秘的夏连特拉王朝联系在一起的。夏连特拉王朝在公元778~864年统治着爪哇中部。而印度尼西亚的建筑史最早也只能追溯到此,因为在此之前的木结构建筑由于当地的热带气候早已消亡了。关于夏连特拉王朝和当时的人民,人们了解甚少。他们大概是从爪哇的农业和以村落为基础的文化中兴起,而且当时已经继承了从印度传播而来的印度教和佛教。不管他们的起源如何,他们的势力在当时一定相当强大,因为夏连特拉王朝控制着爪哇的中部,并将信奉印度教的赞耶王朝驱逐到爪哇岛以东地区,而且最终取代了吴哥"山岳之帝"的位置。

婆罗浮屠近景

夏连特拉王国在今天的印度尼西亚中部兴建了许多佛塔，其中最有名的就要数都城日惹近郊的这座"婆罗浮屠"了。在婆罗浮屠建成1个世纪以后，佛教王朝夏连特拉的势力开始衰弱。而被驱逐到爪哇东部的赞耶王朝仍然保持着强大的势力。根据铭文和传说记载，公元850年前后，雄心勃勃的夏连特拉王子巴拉普特拉想成为爪哇的最高统治者，他和赞耶国王展开了旷日持久的消耗战，最终夏连特拉王朝战败并逃往邻近的苏门答腊岛，赞耶王朝在100多年后又重新统治了爪哇。从此，岛上再也没有兴建其他的佛教建筑。

然而，这个神奇的建筑后来也被湮没在悄无声息的历史中。公元10世纪之后，印度教传到印度尼西亚，佛教便退居次要地位了。13世纪初，伊斯兰教逐渐统治了整个印度大陆，其后的数十年间伊斯兰教也漂洋过海成了印度尼西亚人的主要信仰。前有印度教的侵蚀，后有伊斯兰教的夹击，爪哇的佛教逐渐衰落。当时的佛教僧侣和信徒们害怕"婆罗浮屠"这一旷世之宝被他人破坏，于是在城中各处贴出告示来寻求能解决这一难题的良计。然而，整整过了9天9夜，也没有一个敢于揭榜的人。"天意啊！这是上天的意旨，我们无法违抗。"城中的人们慨叹着，却还是忍不住要去请教大庙中最具名望的老法师。老法师架起祭坛，就着夜幕作法掐算天意，这时，远方有一颗闪亮的流星划过夜空，倏然坠落。睹此凶兆，他只好无可奈何地叹口气，摇了摇头，持着银白的长须飘然而逝。果然，没过多久，就在流星坠落的方向，有一口火山突然喷发，红热的岩浆缓缓地流过来，流过来……终于，火山灰把这座婆罗浮屠完全掩埋。幸存的人们虽然颇感惋惜，却仍感欣慰，因为这样宝塔就不会遭到洗劫了。随着印尼人主流信仰的改变和佛教的衰落，遍布1.3万多岛屿的佛教建筑逐渐被人荒弃，野草蔓生。

1814年，在沉寂地下400年之后，婆罗浮屠才被欧洲人从浓密的树木下的火山泥中发现。从那时起，又经过了整整1个世纪的修缮，它才重新放射出瑰丽的佛教艺术的光辉。

罕世法宝——韩国海印寺及藏经处

位于韩国庆尚南道陕川郡伽耶山

的海印寺，是新罗时期高僧义湘大师的弟子顺应和理贞二位法师，为弘扬

海印寺

华严宗而于公元802年创建的道场，是当时华严宗十大道场之一。因寺内保存有高丽大藏经版，即所谓的"八万大藏经"，因而被尊为法宝宗刹。现为曹溪宗五大丛林、三大寺、三十一座禅教大本山之一。寺内目前有500多位僧人，是拥有禅院、律院、讲院的海东名刹。海印寺内还保藏着八万大藏经（国宝第32号）和藏经版殿（国宝第52号）等15处珍贵文物及200多件"私宝"等众多的文化遗产和古迹，1995年12月被指定为世界文化遗产。

海印寺内有代表性事物的一柱门、大寂光殿、八万大藏经等。一柱门是众生进入圣佛世界的第一道关，也是高丽建筑的代表作。大寂光殿气势雄伟，面积达125坪，是海印寺的法堂，与院子前面的三层石塔共同展示着千年古刹的威容。

大藏经版殿是海印寺中最古老的建筑物，其中保存着高丽时代制作的8万块大藏经版。殿堂始建的年代记载不明，在高丽王朝世宗三年时重建；世宗十九年，学巢大师在王室的帮助下完成了这项工程，并称之为保安藏。由于坐落在深山之中，所以在壬辰倭乱时殿堂基本保持原样，未遭到破坏。史料记载，光海君十四年及仁祖二年曾整修过。

八万大藏经，是指藏经的版数有8万多张，也来源于佛教对大无可表之数的概括，就像通常说佛法有84000法门或众生有84000烦恼一样。

大藏经在高丽时代曾两次作为国家重点项目来雕刻。首先雕刻的称为旧版大藏经，从高丽显宗二年（公元1011年）敕命雕刻开始至公元1087年，经过77年才完成。可惜的是旧版大藏经于高宗十九年（公元1232年）在战乱中全部遭元兵焚毁。4年之后，高宗二十三年至三十八年间（公元1236～1251年），高丽朝野上下为求佛力护佑折伏蒙古，发愿再雕大藏经，历经16年完工。新版高丽大藏经最初置于江华道，由于倭寇的侵略，转移到汉城的支天寺。朝鲜时代太祖时（公元1398年），全部经版迁移到海印寺，总计有86525片经版。从清康熙三十四年（公元1695年）至同治年间，海印寺因战争等原因，七次遭受火灾，新罗、高丽时代之建筑遗物悉归乌有，唯收藏大藏经版木之屋舍幸免，实属不可思议。

高丽大藏经经版之木取自生长在海岛上的桦木和伏樟木，砍伐后首先

在大海中浸泡3年,然后取出排列横置,经3年晾干,再用盐水浸泡,放在阴凉处晾干后,用刨子平整木头,作成版块。刻经的时候,要沐手焚香,专心诚意,在佛前祈祷:惟愿三宝加被,经文丝毫无差。祈祷毕后,先在木板上用毛笔写上经文,每写一个字,都要虔诚礼拜,再按字迹顺序雕刻经文。整部藏经前后由30多人书写完成,统一用欧阳询书体,精湛美观,如同出自一人之手,而且校订严谨。所以,高丽大藏经在诸部大藏经中属于精湛完美的版本之一,当今最常用的日本新修大正藏,即是以高丽大藏经为主要底本而编撰的。

大乘故里——帕哈尔普尔的佛教毗诃罗遗址

帕哈尔普尔的佛教毗诃罗遗址巴哈尔布尔遗址是一座佛教寺庙遗址。这座名叫"索马普拉"的寺庙是公元7世纪达马帕拉国王在位时期修建的。南亚大陆是佛教教义的产生发源地,索马普拉寺庙就是7世纪时佛教教义的重要分支——大乘佛教在孟加拉兴起的见证。那时,这里成为了孟加拉地区最重要的文化中心,索马普拉寺被称作大寺院,直到17世纪这里都是著名的文化中心。

帕哈尔普尔的毗诃罗遗址位于瑙冈地区东北角,北纬25度02分,东

帕哈尔普尔的佛教毗诃罗遗址

经88度59分。该遗址的主体建筑是一座带有围墙的大型砖制寺庙,该庙占地9公顷。据考证,这座名叫"索马普拉"的寺庙是公元8世纪达马帕拉国王在位时期修建的。整座寺庙位于一个四方形的庭院之中,每边的边长大约为900英尺,四周是高高的围墙,厚度约16英尺,高度介于12~15英尺。北面是一群精致的大门建筑体,除了北面有45个单人房间之外,其余三面还有的房间总数是177个。这些呈金字塔、十字形的庙宇,在建筑风格上明显地受到了一些东南亚国家,特别是缅甸和爪哇等国的深刻影响。

传说,公元627年,中国唐朝和尚玄奘大师为了求得真经佛法,由长安出发只身前往天竺,历经艰难险阻后到达天竺(印度古称)。在天竺的10多年间,玄奘去过了所有当时有名的佛教寺院。作为大乘佛教重要兴起见证的索马普拉寺庙也留下了他的足迹。1000多年前,玄奘法师徒步来到了这座佛教名寺,将佛教的精华

与中国信徒联系在了一起。后来，在唐太宗的支持下，玄奘在长安设立了国立翻译院，参与的学生与人员来自亚洲东部各地。他花了10多年时间将约1330卷经文译成汉语。这些佛经之后再传播往朝鲜半岛和日本。直到今天，日本国大量的佛教信徒中仍把索马普拉寺庙当成圣地，每年都有若干日本佛教信徒前来拜访、敬祖，甚至捐财捐物，帮助当地的孟加拉人民。

在帕哈尔普尔的毗诃罗遗址地下发掘出大量精美的雕刻品，这些雕刻大多是从高达20多米的神庙基座下发现的。考古工作者在这里发掘出了9世纪的佛祖铜像和位于大佛堂外壁壁龛群中的60多尊石雕。1956～1957年间为此处遗址修建的一座小型博物馆中，收集了各种从该地发掘出来的有代表性的物品。同样，其中的一些发掘物在位于博物馆里也有所收藏。这些古老的遗物包括作装饰用的瓷片、神态变化万千的神像、陶器、硬币、碑铭、装饰性的砖形物以及各种小巧玲珑的黏土制品。在博物馆内还发现了一个青铜器罐子，可见孟加拉很久之前也有了一定的冶炼技术。

索马普拉寺庙建成之后的几百年内历经洗劫掠夺，这种糟糕的情况一直持续到公元12世纪印度教徒接管该寺。在此之后索马普拉寺逐渐衰落、失修，直到被遗弃。19世纪初，帕哈尔普尔的毗诃罗遗址被发掘出来，这在当时是世界考古重大发现之一，大约100年后，帕哈尔普尔的毗诃罗遗址被列入世界文化遗产。现在这座寺庙只剩下损坏后的房屋基座和大佛堂的主体部分，大佛堂仍有30多米高的样子，整个寺庙呈四边形，中央部分是"十"字形的大佛堂就坐落在寺庙中间。建筑是用红黏土烧制的砖块砌建，佛堂装饰了精美的陶板画。至今大佛堂的基座上仍保存着2000多块陶板画。这些画具有帕拉王朝的艺术特色，多是佛教中菩萨人物形态，或站或坐、或蹲或行，有的舞姿婀娜飘逸，有的神情深沉若思，还有一些是动物、花草图腾式样，诸如蛇、猴、花之类。这些陶板画风格古朴，风情浓郁、造型典雅。制作这些陶板画时，是趁黏土板半干而迅速雕刻并烧制而成的，这些板画是研究孟加拉帕拉王朝美术的重要实物资料，是帕拉王朝美术的精髓。

泓寺瑰宝——日本清水寺

日本的清水寺是京都最古老的寺院，也是日本的国宝级建筑之一。清水寺的山号为音羽山，主要供奉千手观音，占地面积13万平方米，相传为唐僧在日本的第一个弟子慈恩大师所创建。清水寺为延历十七年（公元798年）由延镇上人所建造，为平安时代之代表建筑物，后来曾多次遭大火所焚毁，现今的清水寺为1633年德川家光依原来建筑手法捐资重修的，原来属法相宗，现自立为大本山北法相宗。它与金阁寺、二条城并列为京都三大名胜，也是著名的赏枫及赏樱之著名景点。

清水寺

清水寺与金阁寺（鹿苑寺），岚山等是京都最为著名的名胜古迹，四季朝拜者不断。另与石山寺（滋贺县大津市）、长谷寺（奈良县樱井市）等自古以来作为日本为数不多的观音灵地而闻名，在平安时代以来经常出现于日本文学作品当中。1994年，作为古京都文化遗产的一部登录于世界遗产名录上。

清水寺因寺中清水而得名。音羽瀑布一分为三，分别代表长寿、健康、智慧，被认为具有神奇力量。游客路经此地一定会来喝上一口水，据说可预防疾病及灾厄。

由于日本古时除了东、西两大愿寺可盖在京城内之外，所有的庙宇神社都只能依山而建，而清水寺坐落在山腰上，落差极大，这座完全木造的寺院总面积达13万平方米之广。

从清水坂前往清水寺道路两侧，除了有京都传统木造住宅林立外，沿途还有古老的神社和寺庙，无不充满宁谧与静穆气氛。古时候来到清水寺参拜的武士，通常先把马匹拴在仁王门前面清水坂上的马厩里，因此这个马厩就成为室町时代遗留至今的建筑物。

清水寺为栋梁结构式寺院。正殿宽19米，进深16米，大殿前为悬空的"清水舞台"，由139根高数十米的大圆木支撑。寺院建筑气势宏伟，结构巧妙，未用一根钉子。寺中六层炬木筑成的木台为日本所罕有。寺内有近30栋木结构建筑物，有正殿、钟楼、三重塔、经堂、地方神社、成就园等。正殿列为日本国宝级文物。它依山而起，殿宽19米，进深16米，殿顶铺有数层珠形的桧树皮瓦。清水寺本堂正殿供奉着十一面千手观音立像，这座每隔33年才开放参观，最近开放的一次是公元2000年。

清水寺外围的一景一色，宛如古都的风物诗般，完完全全地将京都的风采表露无遗，无论是春天的樱花，夏天的瀑布，秋天的红叶或是冬天的细雪，清水寺都仿佛是为了证明京都而存在的一般，无时无刻吸引着人们流连忘返。清水寺朴素的正殿阳台突出于断崖之上，环境优美。

世界发明奇迹

辨别方向——最早的指南针

指南针和造纸术、印刷术、火药是举世闻名的我国古代发明，是中华民族对世界文明作出的伟大贡献。指南针是一种指示方位的简单仪器。它的主要结构，是由一根能灵活转动的磁针和一个标有方位的刻度盘构成。磁针在地磁的作用下会指向南方，利用这一性能，可以辨别方向。

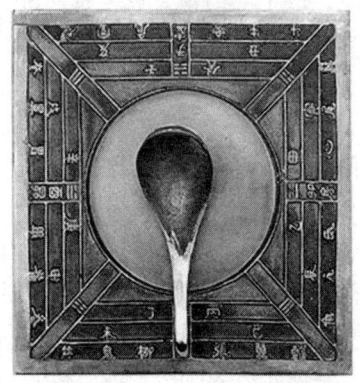

司　南

早在2000多年前汉代（公元前206年～公元220年），中国人就发现山上的一种石头具有吸铁的神奇特性，并发现一种长条的石头能指南北，他们管这种石头叫做磁石。古代的能工巧匠把磁石打磨凿雕成一个勺形，磁石的南极（S极）磨成长柄，放在青铜制成光滑如镜的底盘上，再铸上方向性的刻纹。这个磁勺在底盘上停止转动时，勺柄指的方向就是正南，勺口指的方向就是正北，这就是我国祖先发明的世界上最早的指示方向仪器，叫做司南。其中，"司"就是"指"的意思。这些记载出现于2000多年前的战国时期，最早记载见于《韩非子·有度》。

在应用"司南"的基础上，人们发现用磁石沿一个方向多次摩擦过的钢针等物也有指南特性，于是发明了指南针。宋初还出现过"指南鱼"，是浮在水面上的一种指南器具。1086年，北宋著名科学家沈括所著的《梦溪笔谈》记载，当时有4种不同装置的针型指南针，即水浮法、缕悬法、指甲法和碗唇法，此时已能制造人工磁体。《梦溪补笔谈·药议》载有："以磁石磨针锋，则锐处常指南"。11世纪末，我国便开始在航海上使用了指南针。宋人朱彧曾记述了1099～1102年间，在海船上使用指南针的经过。1123年，徐兢到朝鲜去，回国后描述这次航海过程说，白天靠太阳定方位，晚上在海洋中不可停留，注意看星斗而前进，如果天黑可用指南浮针，来决定南北方向。1274年，南宋吴自牧所著《梦粱录》中记载："风雨冥晦时，唯凭针盘而行。"南宋时，把磁针与分方位的仪器组装成一个整体，这种新仪器叫针盘，或叫地螺（罗），也有叫子午盘、定盘针、经盘、罗盘的。元代还造成立针式指南工具——指南龟、指南鱼。张燮的《东西洋考·舟师考》记载，明代海上航行，"独恃指南针为导引，或单用，或指两间，凭其所向，荡舟以行。"

早在公元前3世纪，我国就有了关于磁针的文献记录。我国的指南针，大约12世纪传到阿拉伯国家和欧洲，大大地促进了世界航海事业及整个人类社会的发展。

承载文化——造纸术的发明

造纸术是中国古代的四大发明之一，迄今已有2200年的历史。其实很早以前，人们在甲骨、金石、简册、木牍、缣帛上书写文字，因简牍笨重、缣帛昂贵而不易普及。考古工作者曾在西安灞桥西汉古墓中发现了一叠古纸，叫做灞桥纸。这说明汉初我国已用麻、苎造纸，但质地粗糙，只宜用于包裹。甘肃居延关西汉烽塞遗址发现的麻纸片，质薄匀细，可以书写。大约两汉之际，已用纸来写经。《后汉书·贾逵传》已提到"纸经传"。当时造纸用的原料少，成本高，满足不了社会的需要。东汉和帝时候，管理宫廷用品的尚方令（官名）蔡伦，在总结前人经验的基础上，终于制成了质地坚韧、造价便宜的优质纸。

蔡伦是东汉桂阳（今湖南郴县）人，他从小到皇宫去当宦官。在他做尚方令期间，因为监督制造宝剑和其它器械，经常和工匠们接触，于是就和他们一起研究出一种改进造纸方法。这种方法用树皮、麻头、破布、废渔网为原料造纸。他把这些原料铡碎，放在水里浸渍相当时间，再捣烂成浆状物，薄薄地摊在细帘子上，干燥后，帘子上的薄片就变成纸张了。这种纸体轻质薄，原料好找，价钱便宜，可以大量生产，受到人们的欢迎。东汉元兴六年（公元105年），蔡伦把这个重大的成就报告朝廷，东汉和帝通令全国使用这样的方法。他的造纸术很快在全国推广开来。因为蔡伦曾经当过"龙亭侯"，人们便把他发明的纸叫"蔡侯纸"。

蔡伦死后80年的东汉末年，一位叫左伯的造纸能手将蔡伦的造纸术又加以改进，造出一种厚薄均匀、色彩鲜明的纸。人们称为"左伯纸"。西晋时，我国的南方盛行藤纸，尤其是剡溪的"剡藤"更驰名官方。六朝时使用帘床捞纸，并用黄檗染潢、

蔡伦

雌黄治书，以防蛀蠹。唐代麻纸产量日增，扬州六合纸"入水不濡"。剡溪古藤已供不应求，至中唐，逐渐被竹、檀、秸、藁所取代。北宋初年，江苏、浙江、福建均以嫩竹造纸，剡溪"姚黄"、"学士"、"邵公"3种纸，为竹纸中的精品。以后，南方竹纸，"闽省独专其盛"。随着造纸中加矾、加胶、涂粉、洒金、染色技术的不断提高，纸的品种日益增多。仅唐代就有益州黄白麻纸、两浙案纸、蒲州细白麻纸、宣州玉版檀纸等名纸，以及十色笺、五色金花绫纸、水纹纸、糊窗纸、锡箔纸等各种色纸。尤其是玄宗时萧诚造的斑石纹纸和宪宗时薛涛造的深红小彩笺闻名天下。宋代崛起的楮桑皮纸和自古就有的麻纸，至今仍为高级纸品。印钞票用的就是麻纸。

我国的造纸术大约在公元7世纪首先传到越南和朝鲜，公元610年传入日本，公元751年传到阿拉伯国家。12世纪中叶又从阿拉伯传到西班牙，17世纪末传到美洲大陆，最后传遍全世界。由于造纸技术的发明，大大提高了传播文化的速度和规模，促进了各国经济和文化的发展。这也是我国劳动人民对世界文明的重大贡献。

传承文化——印刷术的发明

我国是世界上最早掌握印刷术的国家。据记载，最早的印刷术是隋唐之际发明的刻版印刷术。刻版印刷是用手工刻出阳文反字，涂上黑墨，复印在纸上。这种方法比手抄书籍效率提高若干倍。

刻版印刷术发明后，在今四川和长江中下游已有书商印售历书、诗歌、小学字书及阴阳迷信书等。12世纪初，浙江、福建、山西等地的书坊刻书业已十分发达。官府刻书最早始于10世纪初，历代专职刻书的机构一般属国子监。印刷技术形式有写刻、朱墨印、几色套印等。我国的刻版印刷早于欧洲800年。刻版印刷的发明和刻体图书的流通，对当时的文化传播和保存祖国文化起到了极大作用。

北宋仁宗庆历年间，浙江杭州一位刻字印刷工人毕昇，经过刻苦钻研，反复实践，终于创造出了世界上

毕 昇

活字刻板

第一套胶泥活字印刷技术。他在制成方块的胶泥上刻上反字，一字一枚，然后放进土窑里用火烧硬，再按音韵顺序排列在专用盒子里。印书时按稿把一个个活字排列在铁框中。而铁框底部撒有松香、蜂蜡、纸灰等带有黏性的混合物。将排好字的铁框拿到火上加热、压平，再经冷却，便成了版型。在版型上涂上墨，就可以印刷了。印完后，将版型在火上略加烘烤，即可取出单字，供重复排版使用。为了加快印刷速度，毕昇还采用两套制版设备，即一版在印，另一版又在排字。两版交替进行，每版可印1000次以上，速度快，质量好。印版中发现错字，可随时更换。这样，省时、省工、省料。毕昇发明活字印刷的消息，轰动了当时的印刷界。前来参观的人从早到晚络绎不绝，一致称赞。不久，活字印刷术在国内广泛使用。这种胶泥活字印刷的原理，与现在的铅字排印原理基本一致，也是现代铅字印刷的前身。宋代著名科学家沈括对毕昇的活字印刷术评价极高，不但在他的名著《梦溪笔谈》中作了详细记载，而且还精心保存了毕昇所创造的胶泥活字。

元代著名农学家王祯在毕昇胶泥活字的基础上，成功地创制了木活字印刷技术。他先在整块木板上刻字，然后按字体大小锯成统一规格的方块，在木框内排字，活字与活字之间的空隙用竹片塞紧，便可印刷。这"巧便之法"克服了"难于使墨，率多印坏，所以不能久行"的胶泥活字的缺点。王祯第一次用木活字试印了一部自编的6万多字的书《旌德县志》，印装100部，前后只花了1个月的时间。当时，这是十分惊人的成就。后来，他为了提高排字效率，又发明了"转轮排字盘"。用轻质木料做成大轮盘，直径约7尺，轮轴高约3尺，轮盘装在轮轴上可以自由转动；把木活字按字韵分别放入盘内一个个格子里。排字工匠可转轮找字,"以字就人",按韵取字,不必来回走动。这些发明,在他所著的《造活字印书法》一书里都有详细叙述。这部书,也是世界上最早的系统叙述印刷术的重要文献。由于木活字印刷优点很多,所以很快流传开来了。它不仅有汉字,也有少数民族文字。清朝年间,人们在甘肃敦煌石窟中曾发现许多14世纪的木活字,上面刻的就是古维吾尔族文。可惜,这些珍贵的古代木活字,大部分被帝国主义分子盗走了。

《西夏文佛经》是我国现存最早的木活字印刷品。它印制于14世纪初。是新中国成立后在宁夏发现的。我国历史上规模最大的一次用木活字印刷的书,是1773年印刷的《武英殿聚珍版丛书》,计2300多卷,它所用的木活字全部用枣木刻成。

我国的活字印刷技术大约于13世纪传入朝鲜,后来又东渡大海传入日本,不久又传入越南、菲律宾。西边,则沿着丝之路通过伊朗传到埃及等阿拉伯国家,13世纪传入意大利,14世纪传入德国,15世纪传入英国,16世纪传入俄国和墨西哥,18世纪传入美国、加拿大,传入澳洲时已是19世纪了。至此,我国的印刷术传遍全世界。公元1456年德国人谷登堡用活字印成《圣经》,是欧洲使用活字印刷的第一个人,但比毕昇发明活字印刷术的年代晚了400年。

兵器革命——火药的发明及应用

古代炼丹家制药时,逐渐发现硫黄、焰硝和木炭(C)的混合物有燃烧和爆炸能力。唐末天祐年间(904~906),在战争中开始出现火药箭,还出现"发机飞火"的记载,即用抛石机投掷火药包,作燃烧性兵器。

意外发明火药

宋朝东京开封府(今河南开封)设广备攻城作,其中有生产火药的部门。《武经总要》一书记载了火药的3种配方,生产火药已达相当规模。尽管生产技术严格保密,仍传入辽朝,故从日本大量进口硫黄的同时,又严禁硫黄和焰硝向辽出口。宋神宗赵顼时,边防军中已大量配备火药弓箭、火药火炮箭等兵器。辽道宗时,也已在南京析津府(今北京)"日阅火炮"。南宋时,水军也配备了霹雳炮、火炮、火箭等兵器,在建康府(今江苏南京)、江陵府(今湖北江陵)等城市都设有火药兵器制造业。

早期火药兵器威力有限,不可能取代冷兵器。但自南宋中期以后,火药兵器在兵器中的比重显著增大。

金朝火药制造技术来源于辽,金军攻宋之初,已使用火炮。此后,在宋、金、元之间的战争中,火药的使用愈益频繁。金末抗击蒙古军时,曾使用震天雷、飞火枪等火器。宋代出现了类似近代炮弹的铁火炮,却仍用抛石机投射;又发明了突火枪,以巨竹为筒,发射"子窠",类似于后世枪炮,却尚未使用金属发射管。这是辽、宋、金代火药兵器进步的极限,却已决定了后世火药兵器的发展方向。总之,辽、宋、金代可算是人类使用火药的奠基时期。到元、明又发现了铜铁铸造的管状火器——铳和炮。

南宋时候,火药的使用越来越普遍了,火器也得到了进一步的发展。为了防御金兵的侵扰,南宋的军事家们就不断想法改进武器。南宋初,宋高宗绍兴二年(公元1132年),有一个叫陈规的军事学家,发明了一种管形火器——火枪,这在火器史上是一大进步。这种火枪是用长竹竿做的,竹管里装满火药。打仗的时候,由两个人拿着,点着了火,发射出去,用它烧敌人。

这是我国最早出现的管形火器。把火药装在竹管里做成火枪,在火药的应用上是个了不起的进步。用抛石机发射火药,不容易准确地打中目标;有了管形火器,人们就可以比较准确地发射和适当地操纵火药的起爆了。

火枪发明以后,经过不断的改进,到了南宋末年,又有人发明了突火枪。突火枪是用粗毛竹筒做成的,竹筒里放有火药,还放一种叫"子窠"的东西。用火把火药点着以后,起初发出火焰,接着"子窠"就射出去,并且发出像炮一样的声音。这种"子窠",究竟是什么东西呢?它很可能就是一种最早的子弹,可惜古书上没有说明。火枪的作用只在烧人,突火枪却能发出子窠打人,比火枪又前进了一步。

火枪和突火枪,都是用竹管做的原始的管形火器,威力不大,但它们是近代枪炮的老祖宗。近代的枪炮,就是从它们慢慢发展来的。

明朝时候,由于火药技术的进步,人们还发明了原始的两级火箭。

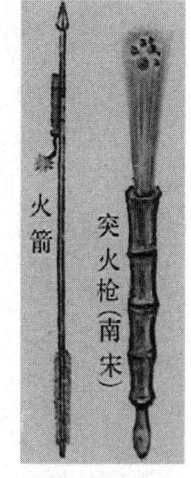

火箭和突火枪

根据茅元仪《武备志》一书的记载,当时有一种名叫"火龙出水"的火箭。用一根五尺长的大竹筒,做成一条龙,龙身上前后各扎两枝大火箭,火龙出水,这就是原始的两级火箭。这是第一级火箭,用来推动龙身飞行。在龙腹里,也装几支火箭,这是第二级火箭。使用的时候，先发射第一级火箭，飞到两三里远，引火线又烧着了装在龙腹里的第二级火箭，它们就从龙口中直飞出去，焚烧敌人。

想上天的官员

明朝时候，技术水平最高的火箭，发射出去还能再飞回来。这种火箭叫"飞空砂筒"。根据《武备志》记载，这种火箭是把装上炸药和细砂的小筒子，连在竹竿的一端；同时，再用两个"起火"一类的东西，一正一反地绑在竹竿上。点燃正向绑着的"起火"，整个筒子就会飞走，运行到敌人的上空时，引火线点着炸药，小筒子就下落爆炸；同时，反向绑着的"起火"也被点着，使竹竿飞回原来的地方。这种"飞空砂筒"，不但是一种两级火箭，而且还能飞出去又飞回来，真是巧妙极了。

14世纪末，我国还有人幻想利用火箭的力量来飞行。这件事写在外国人赫伯特·瑟姆的书中。他写道，

14世纪末年，有一个中国官吏，曾经在一把椅子后面，装上46支大火箭，人坐在椅子上，两手拿着两个大风筝。然后叫人用火把这些火箭点着，他想借着火箭推进的力量，再加上风筝上升的力量，使自己飞向前方，结果没有成功。这位官吏的幻想虽然没有实现，但是十分可贵，它和现在喷气式飞机的原理，是非常相近的。

火药和火器随着成吉思汗的西征首先传入中东。阿拉伯人仿照我国的突火枪，造出了木质管形射击火器，称为"马达发"。1260年，阿拉伯人掌握了火药的制造和使用方法，用火药推动的弩箭被称作"中国箭"。而英、法等欧洲各国则直至14世纪中期才有应用火药和火器的记载。

神效银针——中国针灸术

传说中的神医扁鹊能用针灸治病，千百年来人们对此深有探究。中国神秘的针灸医术起源于何时呢？这儿有一个传说：远古时一位打猎的人鼻子上中了一箭，这一刺却治好了猎人长久未愈的头痛病。这个传说看似神奇，但并非毫无道理，这种医术的起源似乎可追溯到石器时代，因为在不同地方的石器时代遗址中，均出土了大量用来戳皮肤的石制尖锐工具。

上古时，人们以草熏体表，以砭石或荆棘、骨针等刺激人体，这是最

早的针灸术。《淮南·务修训》记载有"庖牺（伏羲）制九针"。"所谓九针，为镵、圆、鍉、锋、铍、圆利、毫、长、大针"，除用于外科按摩外，也有用于针灸者。针灸主要内容是通晓经络，选取穴位，控制深度与针灸时间等。

在湖南长沙马王堆汉墓中出土的帛书中，有先秦的《足臂十一脉灸经》、《阴阳十一脉灸经》，书中记载有齿脉、耳脉、肩脉等，可知扁鹊用针灸等法治虢太子"尸厥"时，医家已善用针灸术。书中还专门记述了用灸法治疗各种疼痛，各部位痉挛，烦心、恶寒等多样病症。战国时代的医书《黄帝内经》中多方面记述了针灸的适应症，并论述了各种脏腑疾病的针灸疗法。目前所知最早的金针实物是河北满城出土的西汉金针。

《十一脉灸经》残片

医籍中的《灵枢经》奠定了针灸的理论基础。东汉末皇甫谧编著了一部《黄帝三部针灸甲乙经》，简称《甲乙经》。它是以古代的《针经》（后世认为即《灵枢经》）、《素问》、《明堂孔穴针灸治要》三部书汇集整理而成的。全书总共12卷，128篇，是皇甫谧对针灸古书"使事类相从，删其浮辞，除其重复，论其精要"的辛勤劳动结晶。书中详细地记载了全身649个经穴的部位和主治疾病、针刺分寸、艾灸壮数，并提出了较为科学的针灸操作方法和禁忌等，是一部系统地总结前人用针灸治病的临床经验著作。唐代孙思邈、王焘绘制的彩色针灸挂图有重要学术价值。宋元太医设有针灸科。天圣间（1023~1032年）王惟一的《铜人腧穴针灸图经》，统一周身651个穴位，并设计、监制两具铜人以测试考生。元末滑寿的《十四经发挥》成为日本针灸取穴的依据。明代杨继洲的《针灸大成》汇收古籍、家传针灸理论，为针灸学的重要文献。

针灸术简易、方便、应用范围广。对内科、外科、妇科、儿科、五官科等各种疾病的预防和治疗都有显著的、迅速的疗效，没有或很少有副作用。

针灸术不仅对我国医疗事业有很大影响，而早在秦汉时期就已传到朝鲜、日本、东南亚和中亚地区。宋元以后，随着海路航运事业的发展，针灸术也被介绍到欧洲一些国家去造福人类。

1958年，我国的医务工作者在继承古代针灸术的基础上，用针刺麻醉代替药物麻醉施行外科手术获得成功，这引起国内外医学界的极大兴趣。针刺麻醉是以针刺穴位，使病人能在清醒状态下接受手术的一种局部麻醉方法。它不用麻醉药，病人神态清醒，能主动配合，生理干扰少，术后恢复快，尤其适用于不宜进行药物麻醉的病人。针刺麻醉安全、简便、经济、有效、没有痛苦，受到人们的普遍欢迎。

在20世纪70年代，以中国向全世界公布针刺麻醉的研究成果为契机，国际社会掀起了一股渴望了解针灸学和应用针灸治病的热潮，这是一次世界性的针灸热潮。因为对针灸的学习，西方医学界渐渐消除了对针灸的误解，一部分外国人还对其产生了浓厚的兴趣，成为应用、研究与推广针灸的主要力量。在针灸国际化的进程中，世界卫生组织发挥了重要的推动和引导作用，如在一些国家设立针灸研究培训合作中心、支持并创建世界针灸学联合会、制定《经络穴位名称国际标准》、《针灸临床研究规范》等。现在，在世界各国，已有140多个国家和地区开展针灸医疗，从事针灸的人数有20万~30万人。

20世纪下半叶，针灸临床的侧重点在于观察与总结针灸的适应症。而20世纪90年代，针灸的临床应用范围已扩大到4个方面，即经络诊断，针刺麻醉，针灸保健、针灸治疗。针灸现在可以治疗的病症达800多种，其中30%~40%治疗效果显著，包括一些常见疾病，功能性疾病，慢性病。某些疑难病症与急性病用以针灸辅助更见疗效。

进入21世纪，随着针灸医疗的副作用小、消费少等优势被世界各国人民渐渐认知，立法确认及提高临床水平、向疑难病症挑战就成了必须解决的问题。在立法上，由于各国的承认和联合国的推广，许多国家都已经确立并完善了法律管理，而且对针灸从业人员的考试和资格认证进一步规范；在研究上，用针灸治疗或辅助疑难病症也渐显苗头，如小剂量药物穴位注射治疗萎缩性胃炎，火针治疗慢性骨髓炎，舌针治疗脑性瘫痪、帕金森症等。由此可见，针灸这一伟大的医学学科还有更大的潜力值得发掘。

地动先知——张衡的候风地动仪

地震的破坏力，因唐山毁于一旦而令人刻骨铭心。其实，自古以来，我国就是一个多地震的国家。早在3800多年前，我国就有了关于地震的记载。

东汉时期，地震相当频繁。公元92~125年的30年间，共发生了26

次较大地震,给人民的生命财产带来了极大的损失。为了观察和研究地震现象,减少人民的生命财产损失,张衡经过长期努力钻研,终于在公元132年(东汉顺帝阳嘉元年),发明了世界上第一架测定地震方位的仪器——候风地动仪。该仪器被装置在洛阳京城的天文台上。

候风地动仪

据《后汉书·张衡传》记载,候风地动仪,以"精铜制成,圆径八尺,合盖隆起,形如酒樽","中舌都柱,傍行八道,施关设机"。用现在的话说,候风地动仪用精铜制造,外形像古代的大酒樽,直径8尺,盒盖隆起,中间有一根上粗下细的柱子。柱子中间有8根杠杆与外面8条龙相联结。8个龙头分别对着8个方向,可以活动。每个龙嘴中衔着一颗铜珠,其下放着一个张着大嘴的铜蛤蟆。如果哪一方发生地震,仪器感受到震动,其中间的立柱就偏向那个方向。同时,立柱牵动杠杆,杠杆带动龙的上颚。结果,龙口中的铜珠落入其下的蛤蟆口中。此时仪器发出激扬的响声。人们听到响声,就可知道地震发生,根据吐落铜珠的龙头方向,便可查出地震所在的方向。

公元138年的一天,洛阳和往常一样,周围并没有什么动静。但正对西方的龙嘴突然张开,铜珠落了下来,仪器指示洛阳西方发生了地震。可是洛阳人却没有感觉到。一些学者和官僚们纷纷议论,有的人还讥笑张衡的地动仪不灵了。过了几天,陇西(甘肃省西南部)有人来报,那一天,当地发生了地震,大家才赞叹地动仪真是灵敏、准确。

张衡的候风地动仪,开创了人类使用科学仪器测报地震的历史。长期以来,中外科学家一直给予极高的评价,认为它是利用惯性原理设计制成的,能探测地震波的主冲方向。它比欧洲创造的类似地震仪早1700多年。

张 衡

张衡(公元78~139年)是东汉时期著名的科学家和发明家,也是一位文学家。张衡字平子，南阳郡西鄂县（现河南南阳县城北）人。他博学多才，精通天文历。除地动仪外，他还创造了世界上最早利用水力驱动的浑天仪和观察气象的候风仪。他系统地提出了在当时较为进步的宇宙理论——浑天说，认为宇宙如卵，地球如卵黄，第一次正确地解释了月食的成因。张衡还著有《算罔论》（已佚）。除《灵宪》这一部天文理论著作外，还有《二京赋》、《归田赋》、《四愁诗》、《回声歌》等文学著作也获得很高的成就。东汉元初二年（公元 115 年）、东汉永建元年（公元 126 年）他曾 2 次出任太史令，先后共计 14 年。东汉永和元年（公元 136 年），他任河间相。永和三年（公元 138 年）任尚书，不久病逝。明人辑有《张河间集》。

俯视大地——飞机的发明与发展

飞翔是人类自古以来的梦想，并为之探索奋斗了 1000 多年。1809 年，英国的乔治·凯利爵士发明了第一架滑翔机。但滑翔机没有动力装置，还不能实现自主的飞行。此后在 1874 年和 1884 年，法国的迪后普尔和俄国的莫查依斯基分别进行了蒸汽动力飞机的飞行试验，但都只实现了短距离的跳跃飞行，还不能算作真正的动力飞行。1896 年，另一位飞行的先驱、曾为飞行理论作出重大贡献的德国工程师李连塔尔在试飞滑翔机时不幸遇难，但李连塔尔为飞行事业献身的精神却激发了大洋彼岸一对兄弟的飞行热情。美国的威尔伯·莱特和奥维尔·莱特从这一年开始研究飞行，决心实现在蓝天上自由飞翔的他们开办了一家小商行，制造和维修自行车，以此来积累资金造飞机。

莱特兄弟首先从滑翔机起步，在研究了李连塔尔等人的著作和经验后，于 1899 年制造出了他们的双翼滑翔机。他们在滑翔机上学习飞行经验和试验控制飞行状态的方法。1901 年，莱特兄弟发明了最早的简易风洞装置，以此来研究机翼形状和气流的关系。莱特兄弟的最终目的是制造一架能靠自身动力在空中飞行的飞行器，为此，动力装置是不可缺少的，但当时没有结构轻、功率大的发动机。他们经过苦心研究，在 1902 年完成了自己设计的汽油内燃机，发动机功率为 12 马力（1 马力 = 0.735 千瓦），重 70 千克。接着他们又设计制造了螺旋桨。螺旋桨转动时会使飞机机身朝相反方向摇晃，于是他们在飞机的左右机翼上各安装一个朝相反方向旋转的螺旋桨，使飞机得以平衡飞行。

1903 年秋，莱特兄弟制造出世界上第一架动力飞机"飞行者 1 号"。这是一架用轻质木料为骨架、帆布为蒙皮的双翼机，驾驶者俯卧在下层机

莱特兄弟和他们的飞机

翼正中操纵飞机。1903年12月17日晨，弟弟奥维尔·莱特驾驶着"飞行者1号"进行了世界上首次动力飞行。这次具有历史意义的飞行持续了12秒，飞行距离约36米。在当天的第四次飞行中，飞行时间持续了59秒，飞行约260米。飞机不但能平稳地直飞，还能操纵它转向飞行，世界上第一架动力飞机终于诞生了，人类飞行的梦想终于实现了。

继莱特兄弟之后，法国的法尔曼、布莱里奥和瓦赞兄弟，美国的柯蒂斯、巴西的迪蒙等人也相继制造出自己的飞机。中国的年轻发明家冯如从1907年开始研制飞机，于1910年试飞成功，他也是卓有贡献的航空先驱之一。早期的飞机飞行高度达200米，时速达100千米，飞行距离达30千米，这已是了不起的成就了。飞机设计师们为追求更高、更快、更远而不断创新。

1909年7月25日，布莱里奥驾驶着他的小型单翼机首次飞越多佛尔海峡，从法国飞抵英国，完成了人类的跨海飞行。

1919年6月14日，英国的阿尔科克上尉和布朗中尉驾着"维米"式飞机从纽芬兰起飞，历时16小时27分飞抵爱尔兰，航程3000多千米，完成了人类首次跨越大西洋的飞行。1927年5月21日，25岁的美国人林德伯格只身驾驶"圣路易斯精神号"飞机连续不着陆飞行了5810千米，历时33小时30分，从纽约飞抵巴黎，其壮举惊世，不亚于42年后人类首次登上月球。

这期间，飞机在不断地改进，从木架布蒙皮发展为全金属结构，单翼机逐渐取代了双翼机，飞机的轮子（即起落架）也由固定式变为可收放式，发动机的性能和功率也有了很大提高，但仍采用活塞式螺旋桨发动机。到第二次世界大战时飞机最高时速已达700多千米，最高升限已达8000米，最远航程已接近7000千米。这已是活塞式飞机的极限，但人们还在追求飞得更快、更高、更远的目标，人类航空史将掀开新的一页。

工业之始——蒸汽机的发明

蒸汽机是将蒸汽的能量转换为机械功的往复式动力机械。蒸汽机的出现曾引起了 18 世纪的工业革命。直到 20 世纪初，它仍然是世界上最重要的原动机，后来才逐渐让位于内燃机和汽轮机等。

世界上第一台蒸汽机是由古希腊数学家亚历山大港的希罗 1 世纪发明的。不过它只不过是一个玩具而已，没有实用价值。约 1679 年法国物理学家丹尼斯·巴本在观察蒸汽逃离他的高压锅后制造了第一台蒸汽机的工作模型。其后，各国科学家都参与进来。1769 年英国人詹姆斯·瓦特成功地制造出了早期的工业蒸汽机。瓦特虽不是蒸汽机的发明者，在他之前，早就出现了蒸汽机，即纽科门蒸汽机，但它的耗煤量大、效率低。但瓦特运用科学理论，逐渐发现了这种蒸汽机的毛病所在。1765～1790 年，他进行了一系列发明，比如分离式冷凝器、汽缸外设置绝热层、用油润滑活塞、行星式齿轮、平行运动连杆机构、离心式调速器、节气阀、压力计等等，使蒸汽机的效率提高到原来纽科门机的 3 倍多，最终发明出了现代意义上的蒸汽机。

瓦特蒸汽机

自 18 世纪晚期起，蒸汽机不仅在采矿业中得到广泛应用，在冶炼、纺织、机器制造等行业中也都获得迅速推广。它使英国的纺织品产量在 20 多年内（1766～1789 年）增长了 5 倍，为市场提供了大量消费商品，加速了资金的积累，并对运输业提出了迫切要求。

在船舶上采用蒸汽机作为推进动力的实验始于 1776 年，经过不断改进，至 1807 年，美国的富尔顿制成了第一艘实用的蒸汽机船"克莱蒙"号。此后，蒸汽机在船舶上作为推进动力历百余年之久。

1800 年，英国的特里维西克设计了可安装在较大车体上的高压蒸汽机。1803 年，他把它用来推动在一条环形轨道上开动的机车，找来喜欢新奇玩意儿的人乘坐，向他们收费，这就是机车的雏形。英国的史蒂芬孙将机车不断改进，于 1829 年创造了"火箭"号蒸汽机车，该机车拖带一节载有 30 位乘客的车厢，时速达 46 千米，引起了各国的重视，开创了铁路时代。

蒸汽机的发展在 20 世纪初达到了顶峰。它具有可变速、可逆转、运行可靠、制造和维修方便等优点，因此被广泛用于电站、工厂、机车和船舶等各个领域中，特别在军舰上成了当时唯一的原动机。

简单蒸汽机主要由汽缸、底座、活塞、曲柄连杆机构、滑阀配汽机构、调速机构和飞轮等部分组成，汽缸和底座是静止部分。从锅炉来的新蒸汽,经主汽阀和节流阀进入滑阀室,受滑阀控制交替地进入汽缸的左侧或右侧,推动活塞运动。

蒸汽机的出现和改进促进了社会经济的发展,但同时经济的发展反过来又向蒸汽机提出了更高的要求,如要求蒸汽机功率大、效率高、重量轻、尺寸小等。尽管人们对蒸汽机作过许多改进,不断扩大它的使用范围和改善它的性能,但是随着汽轮机和内燃机的发展,蒸汽机因存在不可克服的弱点而逐渐衰落。

艺术新宠——电影的诞生

电影是一门综合艺术,人们习惯把它称为继文学、戏剧、绘画、音乐、舞蹈、雕塑之后的"第七艺术"。电影既利用科学技术的成果,也吸收前六门艺术的艺术成分和表现手法,具有自己的独特性质和艺术效果,成为一个独立的艺术门类。

电影是人类伟大的发明。从诞生之日起,由无声到有声,由黑白到彩色,到现代技术的引入使用,电影走过了百年发展历程。

1872年,美国富翁利兰德·斯坦福与人打赌说马跑的时候是两个蹄子落地的。为了证明自己是对的,斯坦福投入巨资购买拍摄设备,一切准备好后,就开始让马在跑道上奔驰,在马蹄踢断跑道上的绳子的一刹那拉动快门,将马跑的姿态摄入镜头。连续观看拍摄下来的画面,骏马奔跑的姿态就生动地还原了。这可以说是世界上最早的电影片断。1888年,美国大发明家爱迪生研制了一台被称为活动电影的摄影机。这种摄影机能在一条约15米长的胶片上,拍摄出600多幅连续画面,可记录约1分钟的景物。1895年,法国里昂照相器材厂的路易·卢米埃尔与其兄奥古斯特·卢米埃尔总结了前人的经验,又经过自己的创造,于1894年发明了世界上第一架比较完善的手提式"活动影戏机"。1895年12月28日下午,卢米埃尔兄弟在巴黎卡普率路第一次公开售票向公众公映了他们用纪实手法拍摄的第一批短片。后来1895年12月28日就被定为电影的生日。

卢米埃尔兄弟

电影摄影机是电影艺术的支柱。没有电影摄影机,电影是无从谈起的。电影摄影机和照相机一样有镜头、光圈和快门。与照相机不同的是，摄影机上的胶片移动和快门动作必须精确协调，使每幅图像间隔相同的时间得到正确曝光。摄影机把画面用24幅/秒的速度拍摄，并以同样的速度投射到银幕上，就会让人产生了动态的幻觉。电影摄影机的结构一般分为片盒、传动系统、片门与爪头、快门、观景窗、镜头和镜座等部分。电影摄影机的类型根据特殊和特技摄影的要求又分高速摄影机、立体电影摄影机、全景电影摄影机等。

电影从黑白、无声到有声、彩色，又从小银幕到立体电影、宽银幕电影，再到数字电影，不断进行着技术革新与改造。目前，许多电影仍用能把影像记录到胶卷上的摄影机来拍摄。胶卷冲洗之后，再用放映机来播放。而在放映数字电影的时候，可以用数码放映机来放映，也可以把数码影像转置到传统的胶片上通过放映机放映。数字电影既可以避免出现胶片因光源照射导致的老化、褪色，确保影片永远光亮如新，还可以凭借充分的像素稳定性确保画面没有任何抖动和闪烁。

空中电波——无线电机的发明

无线电波是一种存在于我们周围空间的电磁辐射，它产生于电磁场中，可以传送信息。无线电是用无线电波的振荡在空中传送信号的技术设备。因为不用导线传送，所以叫无线电。

俄国科学家波波夫和意大利科学家马可尼，都对无线电的诞生做出了重大贡献。1894年，35岁的波波夫成功发明了一台无线电接收机。1895年5月7日，波波夫在彼得堡的俄国物理学会上成功演示了他发明的无线电接收机，发送了"海因里希·赫兹"的报文。这是世界上第一份有明确内容的无线电报。尽管波波夫成功拍发了世界上第一份无线电报，但马可尼的成就超过了波波夫。1897年5月，马可尼在英国西海岸布里斯托尔海峡南端的拉握洛克进行了跨海无线电通讯实验。通信试验获得了极大的成功。1898年7月，马可尼的无线电报装置正式投入商用。马可尼第一个将无线电投入商用，并用于海上救生。1905年，马可尼获得了无线电发明的专利权。

马可尼（左）和他助手

广播电台的产生，是无线电线商业民用化的真正开始。美国发明家德福雷斯特制造的三极管，对无线电广播的产生起了很大的推动作用。在无线电广播发射过程中，声波被一支话筒接受后,就被转变成强度不同的电流。电流在经过放大以后,以高频无线电波的形式通过空间发射出去。无线电收音机接收到这些电波以后,通过三极管把它们加以放大,并用扬声器再把它们转变为声波,这样就形成了真正的无线电广播。

无线电的发展和完善是与战争紧密相连的。第一次世界大战时,各国部队配备的通讯装置信号非常微弱,而且战斗飞机与地面的通讯也非常困难。这些情况促使各国科学家加速对无线电的改进。第一次世界大战后,无线电通讯有了进一步的发展,导致了调频无线电出现,它的抗干扰性十分优越。第二次世界大战时,新的通讯和电子设备快速发展起来,近程无线电导航系统得到了运用。战争使人们认识到通讯方式的重要性,于是,无线广播电台、无线电话、无线电视等都得到了迅猛的发展。

千里传音——电话的发明

电话是利用电流使身处两地的人能够互相交谈的装置,主要由发话器、受话器和线路三部分组成。作为远距离信息交流的主渠道之一,电话从诞生之日起,便迅速发展起来,将人们带进了便捷、快速的通讯世界,真正实现了千里音信一线通的梦想。

电话的发明者是美国学者贝尔和他的助手。贝尔原是一所聋哑学校的老师,成天和一群聋哑孩子在一起,后来他到美国培训聋哑教师。正是通过这项工作,贝尔渐渐对声学产生了兴趣,并开始着手研究用电传播声音的方法。

发明家贝尔

1873年,贝尔与助手在试验一种新型电报机时,偶然发现了一块铁片在磁铁前振动会发出微弱声音的现象,而且他还发现这种声音能通过导线传向远方。这给了贝尔很大的启发。在经过一次又一次的实验和改进后,贝尔终于成功发明了电话。1876年2月,贝尔申请了电话专利。

贝尔发明的电话有一个振动膜,当你对着它说话的时候,它就会振动。振动膜位于一块电磁体旁,这样,当它振动的时候,磁场和电流就会发生变化。变化的电流沿着电话线传送出去,在另一头,一个相似的装置再把它转变成声音。现在的电话原理都是如此,只是线路更多,转换更好,因此连接得更有效,比以前的电话更便捷。

1877年，在波士顿铺设的第一条电话线路开通了。1891年，美国的斯特罗杰申请了第一个自动电话交换机专利。1902年，美籍加拿大人弗森登创造了第一台无线电话。1923年，法国工程师巴尔内成功地研制出最初的电话拨号器。此后，话筒和听筒装在一个方形手柄上的电话机，大都采用了这种拨号盘，直到20世纪60年代，电子式电话交换机出现后才逐渐取代了它。

神速电脑——电子计算机的发明

电子计算机也叫"电脑"，是一种能够自动、高速、精确地进行各种数值计算、信息存储、过程控制和数据处理的电子机器。早期的计算机主要应用在科学领域，因为科学上有许多繁杂的计算题，人工计算要用好几年，用电子计算机来算则只要几个小时。从第一台电子计算机到现在，计算机技术已有了很大进步，现在它已经进入普通家庭，成为千千万万人离不开的生活、工作伙伴。

1946年，美国著名数学家、计算机科学家冯·诺伊曼发明了世界上第一台数字式电子计算机ENIAC。1944年，诺伊曼作为洛杉矶原子弹研制组的成员之一，在美国阿拉莫斯实验室工作。核武器设计需要大量的数字计算，为此，他中途加入到"埃尼阿克"计算机的研制小组中。1945年，他提出了"程序内存式"计算机的设计构想。这一构想为电子计算机的逻辑结构设计奠定了基础，成为计算机设计的基本原则。冯·诺伊曼发明的电子计算机采用二进制系统，奠定了现代电子计算机的计算模式，因而人们称冯·诺伊曼为"现代电子计算机之父"。

第一台数字式电子计算机 ENIAC

电子计算机是由硬件和软件两部分所组成。硬件是计算机系统中所使用的电子线路和物理设备，是看得见、摸得着的实体，如中央处理器（CPU）、存储器、外部设备（输入输出设备等）及总线等。软件是对能使计算机硬件系统高效率工作的程序集合，主要通过磁盘、磁带、程序纸、穿孔卡等存储。可靠的计算机硬件如同一个人的强壮体魄，有效的软件如同一个人的聪颖思维。

计算机自诞生以来经历了四个发

展阶段。第一阶段是从1946年到20世纪50年代末，以电子管为主要应用元件，通常用于科学计算，所研制的都是单机系统。第二代是从20世纪50年代末到60年代中期，以晶体管为主要元件，应用领域扩大到数据处理和工业控制方面，计算机开始向系列化方向发展。第三代是从20世纪60年代中期到70年代初，以中、小规模集成电路为主要元件，机种多样化，外部设备不断增加，软件功能进一步完善，广泛运用于各个领域。第四代即目前被广泛使用的计算机，采用大规模集成电路和半导体存储器。其系统已向网络化、开放式、分布式发展，正发挥着巨大的经济和社会效益。而在未来的信息社会中，计算机将采用超大规模集成电路及其他新的物理器件为主要元件，能处理声音、文字、图像和其他非数值数据，并有推理、联想和学习、智能会话和使用智能库等人工智能方面的功能。

现在，计算机的体积越来越小、容量越来越大、速度越来越快、价格越来越低、准确性越来越高，而且种类繁多。按用途分为：通用性计算机（应用范围较广泛，适用于科学研究、商业数据处理以及工程设计等领域）和特殊计算机（根据特殊目的而设计的计算机，例如飞弹导航、飞机的自动控制以及冷气机的温度控制等）；按功能、价格、速度及容量分为超大型计算机（国防军事之用）、大型计算机（大型企业使用）、中型计算机（中小型企业办公使用）、迷你计算机（飞航管制、卫星地面接收站），以及微型计算机（又称个人计算机或家用计算机，适于日常生活小量处理）。

智能机器——机器人的发明

机器人是一种自动化的机器。比较特别的是，这种机器具备一些与人或生物相似的智能能力，如感知能力、规划能力、动作能力和协同能力，是一种具有高度灵活性的自动化机器。它由电子计算机控制，能代替人做某些工作。机器人技术综合了多学科的科研成果，它在各个应用领域的不断扩大，引起人们重新认识机器人技术对人类生活的作用和影响。

机器人一般由执行机构、驱动装置、检测装置和控制系统等组成。

执行机构即机器人本体，其臂部一般采用空间开链连杆机构，其中的运动副（转动副或移动副）常称为关节，关节个数通常即为机器人的自由度数。根据关节配置型式和运动坐标形式的不同，机器人执行机构可分为直角坐标式、圆柱坐标式、极坐标式和关节坐标式等类型。出于拟人化的考虑，常将机器人本体的有关部位分别称为基座、腰部、臂部、腕部、手部（夹持器或末端执行器）和行走部（对于移动机器人）等。

驱动装置是驱使执行机构运动的

工业机器人

展,例如视觉、声觉等外部传感器给出工作对象、工作环境的有关信息,利用这些信息构成一个大的反馈回路,从而将大大提高机器人的工作精度。

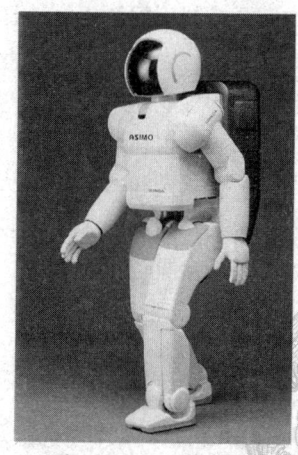

日本 HONDA 机器人原型

机构,按照控制系统发出的指令信号,借助于动力元件使机器人进行动作。它输入的是电信号,输出的是线、角位移量。机器人使用的驱动装置主要是电力驱动装置,如步进电机、伺服电机等,此外也有采用液压、气动等驱动装置。

检测装置的作用是实时检测机器人的运动及工作情况,根据需要反馈给控制系统,与设定信息进行比较后,对执行机构进行调整,以保证机器人的动作符合预定的要求。作为检测装置的传感器大致可以分为两类:一类是内部信息传感器,用于检测机器人各部分的内部状况,如各关节的位置、速度、加速度等,并将所测得的信息作为反馈信号送至控制器,形成闭环控制。另一类是外部信息传感器,用于获取有关机器人的作业对象及外界环境等方面的信息,以使机器人的动作能适应外界情况的变化,使之达到更高层次的自动化,甚至使机器人具有某种"感觉",向智能化发

控制系统有两种方式。一种是集中式控制,即机器人的全部控制由一台微型计算机完成。另一种是分散(级)式控制,即采用多台微机来分担机器人的控制,如当采用上、下两级微机共同完成机器人的控制时,主机常用于负责系统的管理、通讯、运动学和动力学计算,并向下级微机发送指令信息;作为下级从机,各关节分别对应一个 CPU(中央处理器,微机的心脏),进行插补运算和伺服控制处理,实现给定的运动,并向主机反馈信息。根据作业任务要求的不同,机器人的控制方式又可分为点位控制、连续轨迹控制和力(力矩)控制。

机器人的历史并不算长。1959年，美国人英格伯格和德沃尔联手制造出世界上第一台工业机器人，机器人的历史才真正开始。这种机器人能够按照程序进行工作，可以根据不同的工作需要编制不同的程序，具有通用性和灵活性。因此，它成为世界上第一台真正的工业使用机器人。

机器人从应用环境出发分为两大类，即工业机器人和特种机器人。所谓工业机器人就是面向工业领域的多关节机械手或多自由度机器人。而特种机器人则是除工业机器人之外的、用于非制造业并服务于人类的各种先进机器人，包括：服务机器人、水下机器人、娱乐机器人、军用机器人、农业机器人、机器人化机器等。在特种机器人中，有些分支发展很快，有自成体系的趋势，如服务机器人、水下机器人、军用机器人、微操作机器人等。

随着人们对机器人技术智能化本质认识的加深，机器人技术开始不断地向人类活动的各个领域渗透。结合这些领域的应用特点，人们研发了各式各样的具有感知、决策、行动和交互能力的特种机器人和各种智能机器人。对不同任务和特殊环境的适应性，也是机器人与一般自动化装备的重要区别。这些机器人从外观上已远远脱离了最初仿人型机器人和工业机器人所具有的形状，更加符合各种不同应用领域的特殊要求，其功能和智能程度也大大增强了，从而为机器人技术开辟出更加广阔的发展空间。

天外飞仙——宇宙飞船的发明

宇宙飞船是以多级火箭作为运载工具，从地球上发射出去能在宇宙空间航行，能保障宇航员在外层空间生活和工作，能执行航天任务并返回地面的航天器。它的运行时间有限，是仅能使用一次的返回型载人航天器。宇宙飞船也可以做往返于地面和空间站之间的"渡船"，还能与空间站或其他航天器对接后进行联合飞行。

宇宙飞船一般由乘员返回座舱、轨道舱、服务舱、对接舱等部分组成。登月飞船还配有登月舱。返回座舱是宇宙飞船的核心舱段，也是整个飞船的控制中心。返回座舱除要适应起飞、上升和轨道运行阶段的各种外力和环境条件外，还要承受再入大气层和返回地面阶段的急剧减速和气动加热。飞船的轨道舱里面装有各种实验仪器和设备。其服务舱对飞船起服务保障作用。而对接舱是用来与空间站或其他航天器对接的舱段。

人类第一艘宇宙飞船诞生于苏联科学家手中。

20世纪50年代，苏联政府拨出大量资金作为宇宙飞船的研制经费。经过苏联科学家们的努力，人类第一艘宇宙飞船"东方1号"诞生了。它由2个舱组成，上面的是密封载人舱，又称航天员座舱。这是一个直径为2.3米的球体。舱内设有能保障航天员生活的供水、供气的生命保障系统，以及控制飞船姿态的姿态控制系统、测量飞船飞行轨道的信标系统、着陆用的降落伞回收系统和应急救生用的弹射座椅系统。另一个舱是设备

"阿波罗11号"宇宙飞船升空

舱，它长3.1米，直径为2.58米。设备舱内有使载人舱脱离飞行轨道而返回地面的制动火箭系统，供应电能的电池、储气的气瓶、喷嘴等系统。1961年4月12日，"东方1号"宇宙飞船载着苏联宇航员尤里·加加林向太空出发了。这艘满载人类梦想的宇宙飞船成功地在外层空间绕地球一圈，飞行了1小时48分钟。"东方1号"宇宙飞船的航行成功，意味着人类已经可以飞出地球，在宇宙空间中航行了。美国在1969年研制成功了"阿波罗11号"宇宙飞船，并在7月16日发射了载有3名宇航员的宇宙飞船。经过73小时的飞行后，宇宙飞船到达了月球，完成了人类历史上的首次登月。

至今，人类已先后研究制出3种构型的宇宙飞船，即单舱型、双舱型和三舱型。其中单舱式最为简单，只有宇航员的座舱，美国第1个宇航员格伦就是乘单舱型的"水星号"飞船上天的；双舱型飞船是由座舱和提供动力、电源、氧气和水的服务舱组成的，它改善了宇航员的工作和生活环境，世界第1个宇航员乘坐的苏联"东方1号"飞船、世界第1个出舱宇航员乘坐的苏联"上升号"飞船以及美国的"双子星座号"飞船均属于双舱型；最复杂的就是三舱型飞船，它是在双舱型飞船基础上或增加1个轨道舱（卫星或飞船），用于增加活动空间、进行科学实验等，或增加1个登月舱（登月式飞船），用于在月面着陆或离开月面，苏联的联盟系列和美国"阿波罗号"飞船是典型的三舱型。联盟系列飞船至今还在使用。我国的神舟六号宇宙飞船也属于三舱型。

世界发现奇迹

生命传递——DNA 的发现和探索

DNA 是脱氧核糖核酸的英文缩写，又称去氧核糖核酸，是染色体的主要化学成分，同时也是组成基因的材料。DNA 存在于细胞核、线粒体、叶绿体中，也可以以游离状态存在于某些细胞的细胞质中。大多数已知噬菌体、部分动物病毒和少数植物病毒中也含有 DNA。除了 RNA（核糖核酸）和噬菌体外，DNA 是所有生物的遗传物质基础。生物体亲子之间的相似性和继承性即所谓遗传信息，都贮存在 DNA 分子中。

DNA 在 1869 年首先由德国生物化学家米舍尔所发现。1953 年，美国生物化学家詹姆斯·沃森、英国分子生物学家弗朗西斯·克里克和英国生物物理学家莫里丝·维尔金共同描述了 DNA 的结构：由 1 对多核苷酸链相互盘绕组成双螺旋。这三位科学家因此共同获得了 1962 年的诺贝尔医学奖。

DNA 是由两条长的互相连接缠绕的条状物构成的双螺旋结构，两侧的长链由脱氧核糖分子和磷酸分子交替组成，中间的横栏由成对的碱基组成。碱基是由氮元素和其他元素结合形成的一类分子，有四种类型，分别是：腺嘌呤（A）、胸腺嘧啶（T）、鸟嘌呤（G）和胞嘧啶（C）。

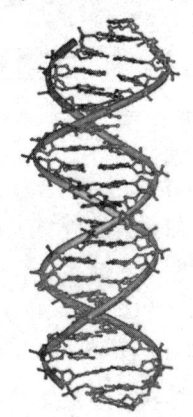

DNA 双螺旋结构

DNA 分子复制时，两条侧链解开，从成对的碱基中间分开，然后，游离在细胞核中的碱基与 DNA 分子每条侧链上的碱基配对。碱基配对的规律是：A 与 T 配对，G 与 C 配对。每个新的 DNA 分子的碱基顺序都与原来的 DNA 分子完全一致。DNA 复制保证了每一个子细胞都能获得完整的遗传信息。

染色体上的基因可能由几个碱基组成,也可能由几百万个甚至更多的碱基组成,基因中的碱基排列顺序构成了遗传密码。在 A、T、G、C 这 4 个碱基中,每 3 个碱基构成一组被称为"密码子"的碱基组合。每个"密码子"都有特定的氨基酸与其相对应,所以"密码子"的排列顺序决定了氨基酸按什么顺序来组装蛋白质。

苹果落地——万有引力定律

牛顿,全名是艾萨克·牛顿,1643 年 1 月 4 日生于英格兰林肯郡格兰瑟姆附近的沃尔索普村,是英国伟大的数学家、物理学家、天文学家和自然哲学家,牛顿在科学上最卓越的贡献是创建了微积分和经典力学。

青年时代的牛顿

牛顿出生前三个月父亲便去世了。在他两岁时,母亲改嫁给一个牧师,把牛顿留在外祖母身边抚养。11 岁时,母亲的后夫去世,母亲带着和后夫所生的一子二女回到牛顿身边。牛顿自幼沉默寡言,性格倔强,这种习性可能来自他的家庭处境。

大约从 5 岁开始,牛顿被送到公立学校读书。少年时的牛顿并不是神童,他资质平常,成绩一般,但他喜欢读书,喜欢看一些介绍各种简单机械模型制作方法的读物,并从中受到启发,自己动手制作些奇奇怪怪的小玩意,如风车、木钟、折叠式提灯等等。

牛顿 12 岁时进了离家不远的格兰瑟姆中学。牛顿的母亲原希望他成为一个农民,但牛顿本人却无意于此,而酷爱读书。随着年岁的增大,牛顿越发爱好读书,喜欢沉思,做科学小实验。他在格兰瑟姆中学读书时,曾经寄宿在一位药剂师家里,使他受到了化学试验的熏陶。

1661 年,19 岁的牛顿以减费生的身份进入剑桥大学三一学院,靠为学院做杂务的收入支付学费,1664 年成为奖学金获得者,1665 年获学士学位。

1666 年的一个假期里,牛顿在自家花园里小坐,一个苹果从树上掉了下来……谁也没没想到一个苹果的偶然落地,却是人类思想史的一个转折点,它使这个坐在花园里的人的头脑开了窍,引起他的沉思:究竟是什么原因使一切物体都受到差不多总是朝向地心的吸引呢？牛顿思索着。终于，他发现了对人类具有划时代意义的万有引力。

1687年，牛顿在其著作《数学原理》中详细提出了万有引力定律。定律指出：两物体间引力的大小与两物体质量的乘积成正比，与两物体间距离的平方成反比，而与两物体的化学本质或物理状态以及中介物质无关。

万有引力定律是解释物体之间相互作用的引力的定律。日月升落，星光闪烁，自古以来就吸引着人们探究其运行规律。牛顿提出的万有引力定律，为我们进一步认识和了解宇宙开辟了道路，而万有引力定律的发现正是植根于对宇宙中地、月、日运行规律的探索和实践之中。

万有引力定律作为自然界最基本的定律之一，在很多领域都得到了广泛的应用。比如，在航天技术中，航天器与天体接近时的万有引力可以作为一种有效的加速办法；宇宙物理中常常以测定天体的万有引力效应来断定天体的位置和质量；在强磁场地域，电磁探测会受到局限，这时可以通过万有引力的测量计算来探知地下物质的密度，从而断定地下矿藏的分布或是地下墓穴的位置。

智者见智——广义相对论

相对论是现代物理学的基础理论之一。它是论述物质运动与空间时间关系的理论，于20世纪初由德裔美国物理学家爱因斯坦创立，后经许多物理学家一起对它进行发展和完善。此理论由狭义相对论和广义相对论两部分组成。狭义相对论于1905年创立，广义相对论于1916年完成。相对论从逻辑思想上统一了经典物理学，使经典物理学成为一个完善的科学体系。

爱因斯坦

19世纪的物理学中并存着两套理论：一是研究物体运动的古典力学，一是研究光线的电磁学。古典力学的理论基础是伽利略的相对性原理，牛顿的力学理论也是建立在这一原理基础之上。古典力学中提出，在这个世界上，没有"绝对空间"，也没有绝对静止不动的物体。而电磁学则提出，光是在绝对静止的"以太"中传播的。当人们运用古典力学解释光的传播等问题时，发现了两者之间存在着尖锐的矛盾，从而对经典时空观产生了新的疑问。爱因斯坦针对这些问题，尝试同时从两个原理出发，来重建物理理论，提出了物理学的新的时空观，创立了相对论。

爱因斯坦在狭义相对论中给出了物体在高速运动下的运动规律，并揭示了质量与能量有着非常直接的关系，得出了质能关系式 $E=mc^2$。这项成果对研究微观粒子具有极端重要性。因为微观粒子的运动速度一般都比较快，有的接近甚至达到光速，所以研究粒子的物理学离不开相对论。空间不只会被物体改变，同时，如果没有物体，空间就不存在。爱因斯坦又适时提出了广义相对论，爱因斯坦的广义相对论认为，由于有物质的存在，空间和时间会发生弯曲，而引力场实际上是一个弯曲的时空。广义相对论的第二大预言是引力红移，即在强引力场中光谱向红端移动，20世纪20年代，天文学家在天文观测中证实了这一点。广义相对论的第三大预言是引力场使光线偏转。最靠近地球的大引力场是太阳引力场，爱因斯坦预言，遥远的星光如果掠过太阳表面将会发生一点七秒的偏转。1919年，在英国天文学家爱丁顿的鼓动下，英国派出了两支远征队分赴两地观察日全食，经过认真的研究得出最后的结论是：星光在太阳附近的确发生了一点七秒的偏转。英国皇家学会和皇家天文学会正式宣读了观测报告，确认广义相对论的结论是正确的。会上，著名物理学家、皇家学会会长汤姆孙说："这是自从牛顿时代以来所取得的关于万有引力理论的最重大的成果"，"爱因斯坦的相对论是人类思想最伟大的成果之一"。爱因斯坦成了新闻人物，他在1916年写了一本通俗介绍相对论的书《狭义与广义相对论浅说》，到1922年已经再版了40次，还被译成了十几种文字，广为流传。

崭新元素——钋和镭的发现

钋和镭都属于化学元素。它们能放射出人眼看不见的射线，不用借助外力，就能自然发光发热，并释放出巨大的能量。钋和镭的发现，得到了科学界的极大关注，一度引起了科学和哲学的巨大变革，为人类探索原子世界的奥秘打开了大门，进而孕育了一门新的学科——放射化学。

1898年，法国科学家居里夫妇研究了80余种已知元素的盐和氧化物，在试验检测收集到的矿物的放射性时，发现沥青铀矿和铜铀云母矿的放射性比纯粹的铀的放射性更强烈，进而推断其中可能隐藏着另一种能够发射出射线的元素。当杂质一一除去以后，剩下的很小的部分所发出的射线，比铀发出的射线强400倍。他们把这种新元素定名为"钋"。同年12月，居里夫妇又在沥青铀矿中找出了另一种未知元素，起名为"镭"。

钋为银白色金属，能在黑暗中发光。钋的放射性比镭强，可作为放射源，科学研究中通常将其用作α射线源；有时也将钋沉积在铍上，用作中子源。此外，钋也用来消除静电，还可用作航天设备的热源。

镭是荧蓝色或银白色金属，是最活泼的碱土金属。镭在空气中可迅速与氮气和氧气生成氮化物和氧化物，与水反应剧烈，生成氢氧化镭和氢气。

镭发出射线的同时，能产生大量的能量。科学家们利用这一特点，开始了对原子能的研究。在镭射线照射下，那些平常不能发射冷光的物质，也能发光，如无色玻璃会变成有色的，无色透明的金刚石会变成黑色石墨，掺有镭盐的夜光表指针上能发出黄绿光。另外，镭射线能杀伤恶性肿瘤组织、病菌，在医疗上经常用来医治癌症和皮肤病。

意外惊喜——青霉素的发明

青霉素是抗生素的一种，是从青霉菌培养液中提制的药物。医疗中常用的是青霉素的钙盐、钾盐或钠盐。青霉素对葡萄球菌、链球菌、淋球菌、肺炎双球菌等均有抑制作用。青霉素的发现，引发了医学界寻找抗菌素新药的高潮，人类进入了合成新药的时代。

1928年，英国细菌学家亚历山大·弗莱明用葡萄球菌作实验时，发现一些青霉的孢子污染了他培养的葡萄球菌，而霉菌的周围有一圈无葡萄球菌区。他研究后发现，该霉菌中有一种物质，即使稀释800倍也能抑制细菌生长。通过鉴定，弗莱明知道了这种霉菌属于青霉菌的一种。于是，他把经过过滤所得的含有这种霉菌分泌物的液体叫做"青霉素"。接着弗莱明又把这种霉菌接种到各种细菌的培养皿中，发现葡萄球菌、链球菌和白喉杆菌等都能被它抑制。经过一系列试验和研究，弗莱明认为青霉素很可能成为一种可以全身应用的抗菌药物。1929年，弗莱明发表论文报告了他的发现。直到今天，青霉素仍是流行最广、应用最多的抗菌素。

青霉素的种类很多，大致可分2类。一类是从青霉素菌培养液中提取的，另一类是由化学方法合成的半合成青霉素，如新青霉素Ⅱ、氨苄青霉素、头孢霉素等。常用的有青霉素钾盐及钠盐粉剂，性质稳定，一般可保存数年。这种粉剂易溶于水，但溶解24小时后除引起抗菌能力丧失外，还会分解产生各种致敏物质。因此，现配现用青霉素是非常重要的。

青霉素是应用广泛的抗菌药物，它本身毒性很小，但较常见的不良反应是药物引起的过敏，严重的过敏反应甚至能致死。青霉素的抗菌作用是：低浓度时抑菌，高浓度时杀菌。对消灭链球菌、肺炎双球菌、革兰染色阳性球菌效果较好，对敏感的葡萄球菌及其他细菌也产生作用。在临床上，青霉素对于治疗肺炎、扁桃体炎、中耳炎、蜂窝组织炎、细菌性心内膜炎、骨髓炎、流行性脑膜炎、肺炎球菌脑膜炎、梅毒、回归热、淋病、炭疽、破伤风等疾病都有较好的疗效。

地外探索——太阳系的发现和探索

太阳系包括太阳以及所有围绕它运行的行星及其卫星、小行星、彗星、流星体和行星际物质。太阳是太阳系的中心天体，其他天体都在太阳的引力作用下绕其公转。太阳系中只有太阳是靠热核反应发光发热的恒星，其他天体要靠反射太阳光而发亮。

16世纪，哥白尼提出了日心说：太阳居于宇宙的中心静止不动，而包括地球在内的行星都绕太阳转动。日心说把宇宙的中心从地球挪向太阳，这是一项非凡的创举。哥白尼的计算与实际观测资料能很好地吻合。后经开普勒、伽利略、牛顿等人的发展，该学说得到了令人信服的证明。虽然哥白尼在"太阳中心说"中没有提出太阳系这个概念，但实际上是他发现了太阳系。

太阳系大约形成于50亿年前。关于太阳系的形成，现有50多种不同的学说或假设，大致可归结为两大阵垒：灾变说和星云说。灾变说认为太阳系大体是在一次突然的剧变中产生的，太阳先于行星和卫星形成；星云说提出整个太阳系都是由同一块星云物质凝聚而成的。直到目前，星云说仍占据着主导地位。现代星云假说的主要观点是：太阳系原始星云是巨大的星际云瓦解的一个小云，一开始就在自转，并在自身引力作用下收缩，中心部分形成太阳，外部演化成星云盘，星云盘以后形成行星。

太阳系

太阳是太阳系的中心天体，是太阳系里唯一的一颗恒星。它是个炽热的气体星球，没有固体的星体或核心。从中心到边缘可分为核反应区、辐射区、对流区和大气层。太阳能量的99%是由中心的核反应区的热核反应产生的。其中心的密度和温度极高，它发生着由氢聚变为氦的热核反应，而该反应足以维持100亿年，因此太阳目前正处于中年期。太阳大气层从内到外可分为光球、色球和日冕三层。光球层有光斑和太阳黑子。

太阳有八大行星围绕着它运转。按距离太阳远近排列依次为水星、金星、地球、火星、木星、土星、天王星、海王星。这些星体按性质可分为

3类：类地行星（水星、金星、地球、火星）体积和质量较小，平均密度最大，卫星少；巨行星（木星、土星）体积和质量都非常大，平均密度很小，卫星多，有行星环，自身能发出红外辐射；远日行星（天王星、海王星）体积、质量、平均密度和卫星数目都介于前两者之间，天王星、海王星也存在行星环。八大行星都在接近同一平面的椭圆轨道上，朝同一方向绕太阳公转，即其轨道运动具有共面性、近圆性和同向性，只有水星稍有偏离。

太阳系的八大行星中，除了水星和金星外，其他行星都有围绕自己的卫星。到目前为止，已知的行星卫星数目有130颗。木星卫星数居第一，至少有58颗卫星。有33颗卫星的土星在太阳系内居第二。个头最大的卫星是木星卫星甘尼米德，土卫六是太阳系中第二大卫星，而且土卫六是太阳系已知卫星中唯一有大气层的卫星。木星四颗最大的卫星，最早于17世纪由伽利略发现。另两个大卫星是月亮和特里顿，它们分别围绕着地球和海王星运转。在已知卫星中，近2/3是不规则卫星，具有大轨道半长径、高轨道倾角和大偏心率。

太阳系中，除了行星，还存在着数目众多的小质量天体，主要集中在火星和木星的轨道之间。已准确测出轨道并正式编号的小行星有3000多颗。彗星是一团由冰、灰尘和岩石组成的物体。已发现的彗星约有1700颗，其运行轨道通常是一个围绕太阳的拉得很长的椭圆形，其倾角和离心率彼此相差很大，有些彗星的轨道是双曲线的或抛物线的。太阳系内还有多得难以计数的流星体，有些流星体成群分布，称流星群，已证实一些流星群是彗星瓦解的产物。流星体一旦落入地球大气层便成为流星，大的流星体能够进入大气层落到地面成为陨石。

奇异射线——X射线的发现

X射线也称伦琴射线，它是在高速电子流轰击金属靶的过程中产生的一种波长极短的电磁辐射。由于X射线是不带电的粒子流，所以不受电磁场的作用，它沿直线传播，并能穿透普通光线所不能穿过的致密物体。这种具有极短波的电磁辐射具有在荧光屏或照相底片上成像的特性。X射线的发现是19世纪末20世纪初物理学的三大发现（X射线、放射线、电子）之一，这一发现标志着现代物理学的产生。

1894年11月8日，德国物理学家伦琴将阴极射线管放在一个黑纸袋中，关闭了实验室灯源，他发现当开启放电线圈电源时，一块涂有氰亚铂酸钡的荧光屏发出了荧光。伦琴用一本厚书、2～3厘米厚的木板或几厘米厚的硬橡胶插在放电管和荧光屏之间，仍能看到荧光。他又用其他材料

伦琴

进行实验,结果表明它们也是"透明的",铜、银、金、铂、铝等金属只要不太厚也能让这种射线透过。伦琴意识到这可能是某种特殊的从来没有观察到的射线,它具有极强的穿透力。他经过彻底研究,确认这的确是一种新的射线,伦琴称其为X射线。1895年12月22日,伦琴为他夫人拍下了第一张X射线照片。

由于X射线具有强大的穿透力,能够透过人体显示骨骼,于是人们首先将它应用于骨折的诊断、异物检查等方面。因此X射线迅速被医学界广泛利用,成为透视人体、检查伤病的有效医疗工具。早期医院中的X光诊断装置发出的X射线非常微弱,为了得到清晰的照片,要曝光一个小时以上,而且人体长时间照射X射线也具有一定危险性。1913年美国物理学家克里吉制作出与今天基本相同的X射线管。这是一种经过改进的阴极射线管,大大缩短了曝光时间。X射线透视检查不仅缩短了诊断骨折、异物的时间,还为发现肺病做出了很大的贡献。此后,法国人西卡尔使用了一种能用于检查子宫和椎管的造影剂。葡萄牙人莫尼兹制出了一种为动脉、静脉血管等进行X射线透视的水溶性造影剂,使X射线的应用范围得到扩展。在相当长的一段时期,X射线诊断仪成为医院中最重要的医疗仪器。

X射线在显示骨骼畸形方面是非常有效的,但是它在显示人体软组织器官和血管方面却不怎么出色。因为在大多数情况下,X射线会直接穿过这些组织而不显示痕迹。因此从1905年到1962年,科学家们研发了一整套技术,在进行X射线照射之前,用射线透不过的物质(能阻止X射线穿透的液体)来填充软组织和各种管道。这种使X射线"增强"的技术使器官变得显而易见。1962年,冠状动脉X射线摄影法诞生了,它在心脏病的诊断中被证明是极为有效的。

但X射线被人体组织吸收后,对健康是有害的。一般晶体X射线衍射分析用的软X射线(波长较长、穿透能力较低)比医院透视用的硬X射线(波长较短、穿透能力较强)对人体组织伤害更大。轻的造成局部组织灼伤,如果长时期接触,可能造成白血球下降,毛发脱落,发生严重的射线病。但若采取适当的防护措施,上述危害是可以防止的。最基本的一条是防止身体各部位(特别是头部)

受到X射线照射，尤其是受到X射线的直接照射。非必要时，人员应尽量离开X光实验室。室内应保持良好通风，以减少由于高电压和X射线电离作用产生的有害气体对人体的影响。

X射线的发现对自然科学的发展也有着极为重要的意义。许多科学家投身于X射线和阴极射线的研究，从而导致了放射性、电子以及α、β射线的发现，为原子科学的发展奠定了基础。同时，由于科学家探索X射线的本质，发现了X射线的衍射现象，并由此打开了研究晶体结构的大门。在研究X射线的性质时，人们还发现X射线具有标识谱线，其波长有特定值和X射线管阳极元素的原子内层电子的状态有关，由此可以确定原子序数，并了解原子内层电子的分布情况。此外，X射线的性质也为研究波粒二象性提供了重要证据。

神秘射线——宇宙射线的发现和探索

宇宙射线，指的是来自于宇宙的一种具有相当大能量的带电粒子流。在靠近地球的太空中，每秒每平方厘米约有一个宇宙射线穿过，不停地轰炸着地球。每天都有数以千计的宇宙射线穿过我们的身体。宇宙射线最先由德国科学家韦克多·汉斯发现。

1912年，德国科学家韦克多·汉斯发现电离室内的电流随海拔升高而变大，从而认定电流是来自地球以外的一种穿透性极强的射线所产生的。1925年，美国物理学家密立根将这种射线取名为"宇宙射线"。1938年，法国人奥吉尔又发现宇宙射线在穿过大气层时与氧、氮等原子核碰撞转化出次级宇宙射线粒子，而这些粒子又产生一个庞大的粒子群，他把这称为"广延大气簇射"。

宇宙射线的研究已逐渐成为了天体物理学研究的一个重要领域，许多科学家都试图解开宇宙射线之谜，但直到现在，对宇宙射线的起源尚无定论。一般认为宇宙射线的产生可能与超新星爆发有关，另一种说法则认为宇宙射线来自于爆发之后超新星的残骸。在地球大气层以外，宇宙射线的主要成分是高能的质子、α粒子（氦原子核）和其他一些较轻的原子核，其穿透性极强。当冲过大气层之后，大部分被岩石吸收。

当宇宙射线到达地球的时候，部分透过大气层阻挡的辐射的强度仍然很大，很可能对空中交通产生一定程度的影响。宇宙射线射入人的眼睛，对人眼睛的伤害程度是很严重的，尤其是对宇航员来说，它能使人的大脑产生错觉，好像是看见面前有闪光一样。最近，有科学家表示长期以来普遍受到国际社会关注的全球变暖问题很有可能也与宇宙射线有直接关系，另有科学家表示宇宙射线很有可能与生物物种的灭绝与出现有关。当然，这些观点仍有待证实。

致命天体——黑洞的发现和探索

黑洞不是通常意义下的星体，而是空间的一个区域，一种特殊的天体。它具有极强大的引力场，以至任何东西，甚至连光都不能从它那里逃过。它成为宇宙中一个"吞食"物质和能量的陷阱。它是当代科学"六大悬案"之一，科学家已苦苦追寻它近200年。

1798年，法国人拉普斯利根据牛顿万有引力和光的微粒学说，最早提出黑洞存在，并假设它是一个质量很大的神秘天体。1916年，德国物理学家史瓦西预言存在五种不旋转、不带电的黑洞（称为"史瓦西黑洞"）。1965年美国探索到了"天鹅座X-1"——一个特别强的X射线源，才真正打开了探测黑洞的大门。20世纪70年代，英国科学家史蒂芬·霍金把量子力学与广义相对论综合起来，进行黑洞表面量子效应的研究，把黑洞理论研究又推进了一步。

关于黑洞的成因，人们的解释各不相同。有人认为，恒星在其晚年因核燃料被消耗殆尽，便在自身引力下开始坍缩。如果坍缩星体的质量超过太阳的3倍，那么其坍缩的产物就是黑洞。有人认为，黑洞是超新星爆发时一部分恒星坍毁变成的。还有人认为在宇宙大爆炸时，其异乎寻常的力量把一些物质挤压得特别紧密，形成了"原生黑洞"。尽管人们还不能揭开黑洞的神秘面纱，但随着科学的不断发展和人们对它的进一步深入研究，这个谜团终将被揭开。

黑洞吞食周围物质的方式有两种：一种是拉面式，即当一颗恒星靠近黑洞，就很快被黑洞的引力拉长成面条状的物质流，迅速被吸入黑洞中，同时产生巨大的能量（其中包括X射线）；另一种是磨粉式，即当一颗恒星被黑洞抓住以后，就会被其强大的潮汐力撕得粉身碎骨，然后被吸入一个环绕黑洞的抛物形结构的盘状体中，在不断旋转中，由黑洞慢慢"享用"，并产生稳定的能量辐射。

开辟新地——哥伦布发现新大陆

克里斯托弗·哥伦布（1451~1506）是西班牙著名航海家，是地理大发现的先驱者。哥伦布年轻时就是地圆说的信奉者，他十分推崇曾在热那亚坐过监狱的马可·波罗，读过《马可·波罗游记》，十分向往印度和中国，所以立志要做一个航海家。他在1492年到1502年间四次横渡大西洋，发现了美洲大陆，他也因此成为名垂青史的航海家。

当时，地圆说已经很盛行，哥伦布也深信不疑。他先后向葡萄牙、西班牙、英国、法国等国国王请求资

哥伦布

助，以实现他向西航行到达东方国家的计划，都遭拒绝。一方面，地圆说的理论尚不十分完备，许多人不相信，把哥伦布看成江湖骗子。另一方面，当时，西方国家对东方物质财富需求除传统的丝绸、瓷器、茶叶外，最重要的是香料和黄金。其中香料是欧洲人起居生活和饮食烹调必不可少的材料，需求量很大，而本地又不生产。当时，这些商品主要经传统的海、陆联运商路运输。经营这些商品的既得利益集团也极力反对哥伦布开辟新航路的计划。哥伦布为实现自己的计划，到处游说了十几年。直到1492年，西班牙王后慧眼识英雄，她说服了国王，甚至要拿出自己的私房钱资助哥伦布，使哥伦布的计划才得以实施。

1492年8月3日，哥伦布受西班牙国王派遣，带着给印度君主和中国皇帝的国书，率领3艘百十来吨的帆船，从西班牙巴罗斯港扬帆出大西洋，直向正西航去。经70昼夜的艰苦航行，1492年10月12日凌晨终于发现了陆地。哥伦布以为到达了印度。后来知道，哥伦布登上的这块土地，属于现在中美洲加勒比海中的巴哈马群岛，他当时为它命名为圣萨尔瓦多。

1493年3月15日，哥伦布回到西班牙。此后他又三次重复他的向西航行，又登上了美洲的许多海岸。直到1506年逝世，他一直认为他到达的是印度。后来，一个叫做亚美利哥的意大利学者，经过更多的考察，才知道哥伦布到达的这些地方不是印度，而是一个原来不为人知的新的大陆。哥伦布发现了新大陆。但是，这块大陆却用证实它是新大陆的人的名字命了名：亚美利加洲。

后来，对于谁最早发现美洲不断出现各种说法，但是哥伦布发现新大陆的结论是不容置疑的。这是因为当时欧洲乃至亚洲、非洲整个旧大陆的人们确实不知大西洋彼岸有此大陆。至于谁最先到达美洲，则是另外的问题，因为美洲土著居民本身就是远古时期从亚洲迁徙过去的。中国、大洋洲的先民航海到达美洲也是极为可能的，但这些都不能改变哥伦布发现新大陆的事实。

哥伦布的远航是大航海时代的开端。新航路的开辟，改变了世界历史的进程。它使海外贸易的路线由地中海转移到大西洋沿岸。从那以后，西方终于走出了中世纪的黑暗，开始以不可阻挡之势崛起于世界，并在之后的几个世纪中，成就海上霸业。一种全新的工业文明成为世界经济发展的主流。

以病治病——种痘防天花

　　天花是继瘟疫之后世界上传播最广，最可怕的疾病。大家想必对天花已经很陌生了，因为这种曾令人闻而丧胆的疾病，早在1979年已被世界卫生组织正式宣布在全世界根除。而最后一株病毒也在2000年由世界卫生组织宣告消灭。1979年后出生的人都不再注射天花疫苗。

　　天花是一种极具感染力的病毒，是一种比鼠疫更为恐怖的传染病。天花病毒主要经由飞沫传染，传染力非常强，能够迅速使人死亡。

　　我国是世界上最早在预防天花病毒上取得突破的国家。根据清初朱纯嘏《痘疹定论》中记载，传说在宋真宗的时候，有一个叫王旦的宰相，他有好几个孩子，但都还没长大就死于天花。待到老年，王旦又生了一个儿子，并为他取名叫素，此时王旦既高兴又担心，他很担心儿子又遭遇到天花的袭击，便召集了很多儿科医生来商议。当时有人提议说，四川峨眉山有一个身怀绝技的女"神医"，专治痘症，万无一失。王旦立即派人去把神医请来为王素种痘，种痘后的王素以后再没感染天花，一直活到了67岁。

　　记载的可靠性已经不能考察了，但是这种人痘接种技术的确在民间流传。有史料证明，至少在16世纪中期，我国已经有了人工种痘来预防天花的做法。当时，在安徽有人世代以种痘为业。其基本方法就是先收取痘疮的稀浆贮于小瓷瓶内，遇到想预防天花的小孩，就把痘浆涂染在小孩的衣服上，造成一次人工感染。

　　人工种痘的方法有很多种，清乾隆七年（1742年）吴谦等编著的《医宗金鉴》介绍了接种人痘的四种方法：痘衣法（接种的人穿上痘疮患者的内衣，以引起感染，这是最原始的一种方法）、痘浆法（采取痘疮的泡浆，用棉花蘸塞于被接种者的鼻孔，以引起感染）、旱苗法（采取痘痂，研末，以银管吹入鼻孔，引起感染）和水苗法（采取痘痂调湿，用棉花蘸塞于鼻孔，引起感染）。这些方法各有差异，但是其主旨都是"引胎毒外出"。

　　国外关于天花疫苗的出现是这样记载的。18世纪末，英国医生爱德华·詹纳发现，牛也生天花。在生天花的时候，牛的皮肤上会出现一些小脓疱，叫牛痘。挤奶女工给患牛痘的牛挤奶，也会被传染长出小脓疱，但很轻微，一旦恢复正常，挤奶女工就不会得天花。詹纳猜测，从牛身上获取牛痘脓浆，接种到人身上，所有人都可以像挤奶女工一样不患天花了。后来实践证明，詹纳的想法是正确的。詹纳发明的天花疫苗很快就在英国流传起来，有效地遏制了天花的蔓延。

世界生物奇迹

沉睡千年——千年莲子开花

一粒种子在地下深埋上千年，还能生根发芽吗？不大可能吧？然而，有这样的几粒种子，它千年之后有幸重见天日，遇到适宜的温度、湿度、水和阳光时，竟露出了嫩嫩的芽，这真是一个不可思议的奇迹。

1951年辽宁省普兰店泡子村民，在开挖河道时从泥炭层发现了几枚古莲子。清洗后，人们发现它依然光亮如初，外表坚硬润滑，样子十分可爱。人们推断它们已在地下静静沉睡了上千年。但是它们并没有死亡。我国科学工作者用锉刀轻轻地将古莲子的外壳锉破，然后泡在水里。古莲子不久就抽出嫩绿的幼芽来了。北京植物园1953年栽种的古莲子，1955年的夏天就开出了粉红色的荷花。不少国家的植物园从我国要去了这种古莲子，并全部栽种存活。

一般植物的种子在常温条件下的有效寿命为2～3年。埋在地下上千年的古莲子为什么能活着，经过处理、培育还能发芽开花，这确实是个谜。科学家说，莲子之所以能有此惊人的生命力主要是因其自身的结构特殊。莲子外表的一层果皮特别坚韧，果皮的表皮细胞下面有一层坚固而致密的栅栏状组织，气孔下面有一条气孔道，果实（莲子）未成熟时空气可以自由出入；果实完全成熟后，此孔道即缩小，因而空气和水分的出入受阻，甚至微生物也不易进入，这就使果皮内成了一个"密封仓"。

植物生理学家认为，种子失去生命的原因是由于种子里胚的原生质发生了凝固，如果种子的含水量保持不变，则种子的生命力就能延长。另外，地面一米以下泥土中温度比地面空气中的温度低，且较稳定，这些条件也都有利于种子长期保存其生命力。普兰店一带气温较低，雨量又不多（湿度低），氧含量在泥炭层里又很多，因此当地古莲子能保持其生命达十个世纪。莲子胚芽内含有特别丰富的氧化型抗坏血酸和谷胱甘肽等物质，对保持莲子的生命力也起重要作用。当莲子萌发时，它所含的氧化型抗坏血酸逐渐转变为还原型抗坏血酸（即维生素C），这对莲子胚芽的萌芽有促进作用。谷胱甘肽是一种还原剂，它能使氧化型抗坏血酸转变为还原型抗坏血酸。

五世同堂——树木中的老前辈银杏树

天目山有一棵"五世同堂"的古银杏树，在姿态飘逸的巨大老树基部，共生有幼壮高矮各异的20多株银杏，环围10米，其年龄已经超过了12000岁。其实银杏树的寿命，远不及非洲的龙血树，也比不上美洲的巨杉，所以这个古银杏树真是一个奇迹。

"五世同堂"古银杏树

银杏树是现在生存树木中辈分最大、资格最老的老前辈。它在2亿年前的中生代就出现在地球上了，创造了至今存在时间最长的植物奇迹。

银杏，别名白果、公孙树、鸭脚树、蒲扇，属裸子植物。银杏为落叶乔木，5月开花，10月成熟，果实为橙黄色的种实核果。银杏是一种孑遗植物。和它同门的所有其他植物都已灭绝。银杏是现存种子植物中最古老的孑遗植物。变种及品种有：黄叶银杏、塔状银杏、裂银杏、垂枝银杏、斑叶银杏。银杏生长较慢，寿命极长，从栽种到结果要二十多年、四十年后才能大量结果，寿命达到千余岁，现存3500余年大树仍枝叶繁茂果实累累，是树中的老寿星。在山东日照浮来山的定林寺内有一棵大银杏树，相传是商代种植的，距今已有3500多年历史了。

银杏最早出现于3.45亿年前的石炭纪。曾广泛分布于北半球的欧、亚、美洲，中生代侏罗纪银杏曾广泛分布于北半球，白垩纪晚期开始衰退。至50万年前，发生了第四纪冰川运动，地球突然变冷，绝大多数银杏类植物濒于绝种，在欧洲、北美和亚洲绝大部分地区灭绝，只有中国自然条件优越，才奇迹般地保存下来。所以，被科学家称为"活化石"、"植物界的熊猫"。野生状态的银杏残存于中国江苏徐州北部（邳州市）山东南部临沂（郯城县）地区浙江西部山区。浙江天目山，湖北省安陆市、大别山、神农架等地都有野生、半野生状态的银杏群落。由于个体稀少，雌雄异株，如不严格保护和促进天然更新，残存林将被取代。银杏分布大都属于人工栽培区域，主要大量栽培于中国、法国和美国南卡罗莱纳州。毫无疑问，国外的银杏都是直接或间接从中国传入的。

银杏是一种有特殊风格的树，叶子碧绿，像把折纸扇。它的枝叶含有抗虫毒素，能防虫蛀。银杏的种子，成熟时外种皮橙黄色，像杏子，所以叫银杏。它的中种皮色白而硬，也叫它白果。银杏的种仁是味道香美的干果，但多吃容易中毒。另外，种仁还可以药用，治痰喘咳嗽。现在，江苏的泰兴、泰州和苏州的洞庭山，浙江的诸暨、安徽的徽州等地方，出产的白果最有名。

世界油王——油量惊人的油棕

热带植物油棕以丰富的含油量，闻名世界，故有"世界油王"的美名。以每亩产油量来计算，花生30～35千克，大豆15～25千克，油棕150～250千克，分别为花生的7～8倍，大豆的10倍，创造了植物产油量最大的奇迹。优良的油棕，亩产油量竟达400千克。以"世界上产油最多的植物"，这一称号授予油棕，它是受之无愧的。

油棕属多年生单子叶植物，是热带木本油料作物。植株高大，须根系，茎直立，不分枝，圆柱状。叶片羽状全裂，单叶，肉穗花序（圆锥花序），雌雄同株异序，果实属核果。油棕喜高温、湿润、强光照环境和肥沃的土壤。年平均温度24℃～27℃，

世界油王——油棕

年降雨量2000～3000毫米，分布均匀，每天日照5小时以上的地区最为理想。年平均温度23℃以上，月平均温度22℃～30℃的月份有7～8个月以上，年降雨量1500毫米以上，干旱期连续3～4个月的地区能正常开花结果，但出现季节性产果。土层深厚、富含腐殖质、pH值5～5.5的土壤最适于种植油棕。

油棕的果子特别有趣，它们总是成串地"躲藏"在坚硬且边缘有刺的叶柄里面，近似椭圆形，表皮光滑，刚长出来时是绿色或深褐色，大小如蚕豆，成熟时逐渐变成黄色或红色，比鸽卵稍大。成熟的油棕果采摘下来后，加点糖或盐用水一煮就可以直接食用，果肉油而不腻，清香爽口，但果肉中有一些比较粗糙的纤维，容易塞牙。油棕的果肉、果仁含油丰富，在各种油料作物中，有"世界油王"之称。

用棕仁榨的油叫棕油。油棕油的营养价值高，除可食用外，用它制出的食品可久藏不坏。工业上，它可做

优良的防锈剂。现在,油棕已经在我国的海南岛生长繁殖了。

油棕原产地在南纬 10°～北纬 15°、海拔 150 米以下的非洲潮湿森林边缘地区,主要产地分布在亚洲的马来西亚、印度尼西亚、非洲的西部和中部、南美洲的北部和中美洲。我国引种油棕已有 80 多年的历史。现主要分布于海南、云南、广东、广西等省区。

奇迹之树——疯长的毛竹

生长在我国云南、广西以及东南亚一带的团花树,一年能长高 3.5 米。在第七届世界林业会议上,被称为"奇迹树"。生长在中南美的轻木,要比团花树长得更快,它一年能长高 5 米。但是,木本植物生长速度的绝对冠军要算是毛竹。它从出笋到竹子长成,只要 2 个月的时间,就高达 20 米,大约有六七层楼房那么高。生长高峰的时候,一昼夜能升高 1 米。因此,有"雨后春笋"的说法。这真是陆上植物界的一个奇迹。

毛竹在种植期前 5 年丝毫不长,到了第 6 年雨季到来的时候,它竟以每天 1.8 米的速度向上急窜 15 天左右,最后大约可以长到 27.4 米高,并成为竹林中的身高冠军。而且更为奇特的是在它生长的那段日子里,处在它周围方圆 10 多米内的其它植物便停止了生长,等到它的生长期结束

毛竹竹笋

后,这些植物才又获得了生长的权力。有好事者"寻根问缘"的过程中这一奇观的谜底被揭开。原来它前 5 年不是没有长,甚至没有少长,只不过是以一种不易被人们发觉的方式在生长——向地下生根。经过 5 年的地下工作,一株还未向上发芽的雏竹的根系竟然向周围发展了 10 多米,向地下深扎了近 5 米,真可谓"博大精深"。这样的生长方式不仅为它 5 年后长高打下了坚实的基础,同时还悄悄地"侵占"了周围其它植物的根系发展空间,使它们无法获得生长所必需的水分及养料,所以在第 6 年雨季到来的时候它能够几乎以资源垄断的方式独自急长,而此时周围的其它的植物只能望天兴叹。

竹子的生长比较特别,它是一节节拉长。竹笋有多少节和多粗,长成

的竹子就有多少节和多粗。一旦竹子长成，就不再长高了。而所有树木的生长，是在幼嫩的芽尖，慢慢加粗伸长，经几十年至几百年，它还会慢慢地加粗长高。

耐盐植物——盐角草

我们居住的陆地，在远古时候，有很多地方原来是海洋。后来陆地上升，海水干涸，但海水里的盐分仍旧留在土壤里。这些盐碱，是植物生长的大敌。

一般来说，土壤里的含盐量在0.5%以下，可以种普通的庄稼；在0.5%～1.0%之间，只有少数耐盐性强的作物，如棉花、苜蓿、番茄、甜菜等才能生长。含盐量超过1%以上的土壤，农作物就很难生长，只有少数耐盐性特别强的野生植物能够生长。

世界上最著名的耐盐植物是盐角草。它能生长在含盐量高达0.5%～6.5%高浓度潮湿盐沼中。它创造了植物耐盐的奇迹。

这种植物在我国西北和华北的盐土中很多。盐角草是不长叶子的肉质植物，茎的表面薄而光滑，气孔裸露出来。植物体内含水量可达92%，所含的灰分可达鲜重的4%，干重的45%。这些灰分是工业上有用的原料。

盐角草为一年生低矮草本植物，高3(5)～10(20)厘米，植株常发红色，茎直立，自基部分枝，直伸或上升，小枝肉质，叶肉质多汁，几乎不发育，近圆球形，长2～3毫米，灰绿色，基部下延，抱茎或半抱茎，成叶鞘状，仅在顶部呈近圆球形突起穗状花序，长1～2.5厘米，直径3～4毫米，互生于近圆球形突起的苞叶叶片中，每苞叶聚生3朵花，花基部稍联合。

盐角草由于体内所含的盐分高，体液的浓度大，所以最能适应在盐土上生长。

百年不凋——百岁叶

在非洲西南部靠近海岸的狭长沙漠带中，远远望去，零零落落地生长着一些像大树桩一样的东西，它叫百岁叶。

百岁叶的长相十分古怪，像树桩的东西是它的茎，高不到30厘米，然而很粗，直径约有60厘米，茎能年年加粗，中间浅裂为二。百岁叶一生虽然只有两片叶子，但和它的生命共存亡，能生长100多年，所以叫它百岁叶，这创造了植物王国中最长寿叶子的奇迹。

百岁叶两片革质的叶子，生在茎顶部的边缘上，左右分开，披在地上，仿佛是两条宽阔的皮带。叶子靠近茎基的部分不断生长，显得较厚较硬；叶梢部不断破坏，显得较薄较软，而且分为许多丝丝缕缕，好像流苏垂缨。叶子长达二三米,最长可达六七米,宽约有30厘米。整个叶子只有叶基部为绿色,执行着光合作用功能。

百岁叶

百岁叶是雌雄异株植物,年年开花,苞片鲜红色,种子上有翅,能乘风飞散,传播"子孙"。

说来奇妙,一般生长在沙漠干旱地区的植物,都有叶子退化的趋势;叶变成针刺状,像众所周知的仙人掌,就是典型的代表。为什么百岁叶一反常态,反而叶大得出奇,并能活上百多年不枯不死呢?原来它的根又长、又直、又深,能吸到地下水。它又生长在靠近海岸的沙漠中,从海上吹来含大量水分的雾气,形成重重的露水落下来,使它沾了不少的光。它既能从地下得到水,又能从天上得到水,所以不怕干旱,能长期存活下来,并且一年四季都是保持活跃、兴旺的姿态。

百岁叶又叫做百岁兰,它不是兰花,更不属于兰科,但是人们却给它起了这个雅致的别称。可见人们是多么的喜爱它。它是非常稀有的珍异的裸子植物,属于百岁叶目、百岁叶科、百岁叶属。此目、此科、此属在植物王国中,现仅存这一种,可算是"独苗"了。它是现在地球上植物中残遗种兼特种的一个最好例证。百岁兰目的家族原有很多,在地质年代里曾繁盛一时,由于受到距今约2000万年前的第四纪冰期的侵袭,它的成员都灭绝了,唯独百岁兰这个"幸运儿"免受灾殃。

风驰电掣——奔跑的猎豹

猎豹是一种珍稀的食肉动物,现在主要产于东非的塞伦格蒂大草原。它的体重在45~50千克,站立时肩

猎 豹

高约有76厘米。外形大体像豹,身材比豹稍小,四肢和尾巴比豹长些,毛色浅黄杂有小黑斑点,而头部和身体有点像猫,四条腿似狗,叫声像美洲虎,但也会像鸟那样"唧唧"地叫。就是这样一种动物创造了动物界奇迹般的奔跑速度。

猎豹是奔跑最快的四脚动物。但

它究竟能跑多快呢？不久前，科学家们在野外进行了反复测定，发现猎豹在追击它最爱吃的羚羊时，它可以施出全部力气，在短暂的时间里以时速113千米追击。这一惊人之速，比汽车还要快，连以善跑而著名的非洲羚羊和马也落在它的后面，鹿和猎犬更望尘莫及了。科学家在实地目击猎豹在疾奔时，前后肢各自向不同方向伸展，好似在地面上飞驰，真不愧是动物中"快跑冠军"。但是，猎豹在超速追击之后，呼吸急促，筋疲力尽。所以它的长距离奔跑时速仅为60千米左右。

过去人们一直认为，猎豹只靠高速追击其他动物为食。但据新近实地观察，发现它捕食的方式多种多样，主要有以下3种：①高速追击，这是最常见的捕食方式；②埋伏与追击相结合，这是猎豹在体力不够充足的情况下使用的；③协同作战，这是猎豹在遇上比自己个子大得多的猎物（如大羚羊、斑马、角马等）时使用的方法。

据生物学家考察，在历史上的一个时期里，猎豹数量很多，它们的栖息地从非洲的南端一直扩展到蒙古边境的沙漠地区。现在猎豹的数量十分稀少，这是因为除人们乱捕滥猎，猎豹的栖息地被破坏外，猎豹的繁殖率不高也是一个重要因素。

至尊活宝——"活化石"大熊猫

我国是一个动物资源极其丰富的国家，仅兽类就有400多种。在种类繁多的动物中，有些还是举世公认的珍稀动物，要问在这些举世公认的珍稀动物中哪种动物"知名度"最高，大家一定会异口同声地说：大熊猫。大熊猫的存活不能说不是一个奇迹。

大熊猫

大熊猫是一种非常古老的动物，至少在300万年前已经形成现在的模样了。它曾经在地球上分布很广，和凶猛的剑齿象是同时代的动物。后来，地球的气候越来越冷，进入了"第四纪冰川"时期，许多动植物都被冻死和饿死了，剑齿象就是这个时期灭绝的，可是唯有大熊猫却躲进了食物较多、避风而又与外界隔绝的高山深谷里去，顽强地活了下来。几百万年来许多动物都在不断地进化，与原样相比早已面目全非了，可是熊猫却几乎没有变化，成为动物界的"遗老"和珍贵的"活化石"了。

大熊猫是国家一级重点保护动物。说起大熊猫，首先要为它正名。有关资料表明，动物学界的人士于1869年才发现大熊猫，大约过了70年，人们才第一次捕捉到熊猫。1869年，法国的一位传教士戴维来到中国。这年3月在四省宝兴县的一户农民家里看到一张兽皮，这张皮上只有黑白两色的毛。10余天后这位农民又捕回一只动物，这只动物的皮与那张皮完全一样，除了四脚、耳朵、眼圈周围是黑色外，其他部位的毛都是白色。戴维就确认它是熊属中的一个新种。此后不久，他在公开自己的新发现时将这种动物定名为黑白熊。

大约在20世纪30年代后期，这种熊的标本在重庆展出，它的中文名字定为"猫熊"。展出时标本的名牌是由左往右写的，写做"猫熊"。但是当时汉字是由上往下直书，写满一行再往左写，参观者拘于习惯，将字从右往左读，于是"猫熊"就被读成了"熊猫"。此后又有一种香烟命名为"熊猫牌"香烟，对"熊猫"的称呼起了推波助澜的作用。由于约定俗成的缘故，我国的动物学家也就把它定名为"熊猫"了。又由于它形体肥大，在"熊猫"二字前面又加了个"大"字。"大熊猫"就成了"官名"。如今已经没有人再坚持叫它"大猫熊"了。

作为珍稀动物，大熊猫"稀"在哪里呢？大熊猫独产于我国，在世界上除了我国有野生大熊猫外，只有极少数几个国家的大型动物园里饲养着一两只大熊猫，而这些被珍养在动物园中的大熊猫还都是我国作为"国礼"赠送去的。从栖息地看，大熊猫主要分布于川西北的深山密林里。此外，只有陕西、甘肃的个别县境内有零星的大熊猫了。据专家们估算，所有这些地方栖息的大熊猫，总数也只在1000只左右。

"物以稀为贵"，大熊猫的数量为什么这么稀少呢？这与它的生活习性和生理特征相关。大熊猫性情孤独、不喜群居，喜欢独处，独来独往是它的生活习性之一。即便是雌性大熊猫在产仔后，对幼仔大约也只带领上一年左右的时间，母子也就不再结伴而居了。只有在繁殖期到来时，它们才会去寻找异性伙伴。然而，大熊猫发情期极短，一只成年大熊猫每年也就几天的时间。雄性、雌性大熊猫发情期不尽相同，而它的择偶性又很强，从不随意结交异性伙伴。此外，雌性大熊猫每胎只产一至二仔，而它又只具备喂养一个小仔的能力，以上这些因素综合在一起，就使大熊猫极为稀有了。

大熊猫因为其数量的"稀"，而显得"珍贵"，但是更重要的不只在数量"稀"，而在其品种"珍"。大熊猫是一种当今动物世界中留存着的极少数原始而又古老的物种，动物学界因此称它为动物中的"活化石"。据对大熊猫的化石进行测定，可以推断大约1200万年前大熊猫就在地球上出现了，但是体型比现在的大熊猫小，到300万年前的更新纪中期才有个头较大的大熊猫。这与当时地球上气候湿润，能给大熊猫提供丰富的食物密切相关。在那时大熊猫的分布面比现在广得多。大约相当于今天的广东、广西、云南、四川、湖南、湖北、浙江、福建、陕西、山西等地都有过大熊猫的足迹。由于气候的变迁，植被的变化，尤其是人类的农业活动，把大熊猫最终挤到了四川西部的一条高山峡谷之中。然而历经千万年的变化，大熊猫还是幸存下来了，除了形体的变化外，它的身体内部结构几乎没有变化，而与之同时代的巨齿虎、猛玛等早就从地球上绝迹了。"动物的活化石"的美称，对于大熊猫来说，那是当之无愧的了。正是由于大熊猫的无可比拟的珍稀，世界野生动物基金会在1961年选定大熊猫作为该会的会徽标志。

生物复制——克隆技术的出现和探索

克隆是指复制与原件完全一样的副本的过程。从生物学的角度来讲，

克隆是一种人工诱导的无性繁殖方式或者是植物的无性繁殖方式。一个克隆就是一个多细胞生物在遗传上与另外一种生物完全一样。科学家把人工遗传操作动物繁殖的过程叫克隆，这门生物技术叫克隆技术。

克隆羊多莉

克隆是英语clone的音译，指人工诱导的无性繁殖。1997年2月22日，英国生物遗传学家伊恩·威尔穆特成功地克隆出了一只羊，这就是震惊世界的克隆羊"多莉"。动物克隆试验的成功在细胞工程方面具有划时代的意义。"多莉"的诞生，意味着人类可以利用动物的一个组织细胞，像复印文件一样，大量生产出相同的生命体，这就是神奇的克隆技术。它是基因工程研究领域的重大突破。威尔穆特因此被称为"克隆羊之父"。英国和我国等国在20世纪80年代后期先后利用胚胎细胞作为供体，"克隆"出了哺乳动物。到20世纪90年

代中期，我国已用此种方法"克隆"了老鼠、兔子、山羊、牛、猪5种哺乳动物。

克隆说起来很简单，基本过程是先将含有遗传物质的供体细胞的核移植到去除了细胞核的卵细胞中，利用微电流刺激等方法使两者融合为一体，然后促使这一新细胞分裂繁殖发育成胚胎，当胚胎发育到一定程度后，再植入动物子宫中使动物怀孕，经过一段时间孕育，便可产下与提供细胞者基因相同的动物。这一过程中如果对供体细胞进行基因改造，那么无性繁殖的动物后代基因就会发生相应的变化。

克隆技术在现代生物学中被称为"生物放大技术"，它已经历了3个发展时期：①微生物克隆，即用一个细菌很快复制出成千上万个和它一模一样的细菌，而变成一个细菌群；②生物技术克隆，比如用遗传基因——DNA克隆；③动物克隆，即由一个细胞克隆成一个动物。克隆绵羊"多莉"由一头母羊的体细胞克隆而来，使用的便是动物克隆技术

克隆技术的出现和发展，为农业、医学和社会生活的各个方面都提供了广阔的应用前景。如将高产奶牛的体细胞移植到普通牛体里，出生后的克隆牛还是高产奶牛，这样人类就可以通过克隆技术来改变奶牛低产的局面。另外，克隆技术对人类自身也存在着广阔的应用前景。比如器官移植，将不同体的器官放在一起，就会出现排斥反应。应用克隆技术就能够克服异种之间或是异体之间的排异现象。目前科学界把对人体的克隆分为治疗性克隆和生殖性克隆两种。治疗性克隆是指利用胚胎干细胞克隆人体器官，供医学研究和临床治疗，因此国际科学界和伦理学界对此普遍支持。但对生殖性克隆，即通常所说的克隆完整的人，则遭到很大的抵制。克隆技术存在的过度发展和滥用，已经引起了人们的担忧，只有善用克隆技术才能真正地用它造福人类。

繁衍奇迹——试管婴儿的诞生

试管婴儿也称"体外授精、胚胎移植"，是指从女方的卵巢中取出成熟的卵子和男方的精子在体外授精，并发育到8个细胞阶段后再移植到母体子宫内发育成胎儿的技术，成功率约为10%~30%。试管婴儿的诞生，标志着人类对自身生殖过程的认识有了一个质的飞跃，是医学史上的一大奇迹。

试管婴儿的研究已有几十年的历史。1965年，英国生理学家爱德兹和妇科医生斯蒂托提出了在玻璃试管内可能受孕的证据。经过10多年的努力，他们找到了解决问题的办法：从妇女体内取出卵子，在实验的试管中培养受精，细胞分裂一开始，就将其放回妇女的子宫内培育。第一

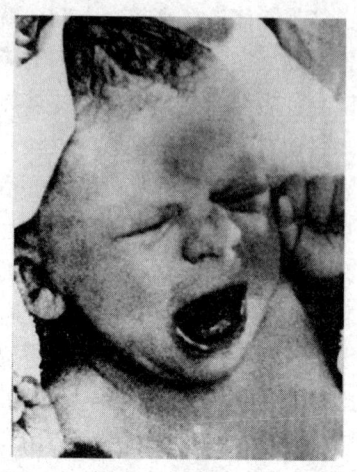

世界第一个试管婴儿

个试管婴儿于 1978 年 7 月 25 日, 在英国的奥尔德姆市医院诞生, 她的名字叫路易丝·布朗。全世界的新闻媒体都把镜头瞄准了她, 因为她有一个特殊的称谓——"试管婴儿"。试管婴儿是人类胚胎学的重大突破。到 1997 年, 仅英国已诞生的试管婴儿就有 2 万多名。

试管婴儿技术已发展到第三代。第一代试管婴儿技术起步于 20 世纪 70 年代末, 是将精子和卵子置于体外利用各种技术使卵子受精, 培养一个阶段后移入子宫, 使女性受孕生子。此技术适用于双侧输卵管梗阻或切除后的不育患者。第二代试管婴儿采用单精子胞浆内显微注射, 使试管婴儿技术的成功率得到很大的提高, 而且使试管婴儿技术适应人群的范围扩大, 适于男性和女性不孕不育症。第三代试管婴儿的技术满足了某些携带遗传病基因的夫妇渴望生一个健康无遗传疾病的孩子的愿望, 这项技术不仅可以使不孕不育夫妇喜得贵子, 而且还能优生优育。今后的辅助生育技术可以是经过基因检测, 去掉不良的基因或修补基因得到优良的精子后再进行单精子胞浆内显微注射, 使出生的孩子不再携带父辈的遗传缺陷。